Zeitschrift für Betriebswirtschaft

Special Issue 3/2008

Corporate Social Responsibility

ZfB-Special Issues

3/2005 Reverse Logistics I
Herausgeber: Günter Fandel/Joachim Reese
128 Seiten. ISBN 3 8349 0109 1

4/2005 Reverse Logistics II
Herausgeber: Günter Fandel/Joachim Reese
112 Seiten. ISBN 3 8349 0134 2

5/2005 Unternehmensethik und Unternehmenspraxis
Herausgeber: Horst Albach
132 Seiten. ISBN 3 8349 0228 4

1/2006 Unternehmensethik und globale Märkte
Herausgeber: Horst Albach
116 Seiten. ISBN 3 8349 0239 X

2/2006 E-Learning Geschäftsmodelle und Einsatzkonzepte
Herausgeber: Michael H. Breitner/Günter Fandel
136 Seiten. ISBN 3 8349 0249 7

3/2006 Herausforderung Ostasien
Herausgeber: Werner Pascha
144 Seiten. ISBN 3 8349 0315 9

4/2006 Entrepreneurship
Herausgeber: Thomas Ehrmann/Peter Witt
195 Seiten. ISBN 3 8349 0363 9

5/2006 Governance Innovations and Strategies
Herausgeber: Oliver Fabel/Egon Franck
176 Seiten. ISBN 3 8349 0426 3

6/2006 Rechnungslegung nach internationalen Grundsätzen
Herausgeber: Norbert Krawitz
180 Seiten. ISBN 3 8349 0425 6

1/2007 Der Ehrbare Kaufmann: Modernes Leitbild für Unternehmer?
Herausgeber: Joachim Schwalbach/Günter Fandel
140 Seiten. ISBN 3 8349 0659 X

2/2007 Innovation, Orientation, Innovativeness and Innovation Success
Herausgeber: Holger Ernst/Hans Georg Gemünden
156 Seiten. ISBN 3 8349 0698 0

3/2007 Direct Marketing
Herausgeber: Manfred Krafft/Jürgen Gerdes
192 Seiten. ISBN 3 8349 0728 6

4/2007 Open Innovation between and within Organizations
Herausgeber: Holger Ernst/Hans Georg Gemünden
140 Seiten. ISBN 3 8349 0731 6

5/2007 Hochschulrechnung und Hochschulcontrolling
Herausgeber: Hans-Ulrich Küpper
188 Seiten. ISBN 3 8349 0778 2

6/2007 Empirische Studien zum Management in mittelständischen Unternehmen
Herausgeber: Horst Albach/Peter Letmathe
140 Seiten. ISBN 3 8349 0799 5

1/2008 Economics and Management of Education
Herausgeber: Dominique Demougin/Oliver Fabel
192 Seiten. ISBN 3 8349 0904 1

2/2008 Corporate Governance in der Praxis mittelständischer Unternehmen
Herausgeber: Horst Albach/Peter Letmathe
136 Seiten. ISBN 3 8349 0931 2

Corporate Social Responsibility

Herausgeber
Prof. Dr. Joachim Schwalbach

Die Deutsche Bibliothek – CIP-Einheitsaufnahme

Zeitschrift für Betriebswirtschaft : ZfB. – Wiesbaden :
Betriebswirtschaftlicher Verl. Gabler
Erscheint monatl. – Aufnahme nach Jg. 67, H. 3 (1997)
Reihe Ergänzungsheft: Zeitschrift für Betriebswirtschaft /
Ergänzungsheft. Fortlaufende Beil.: Betriebswirtschaftliches
Repetitorium. – Danach bis 1979: ZfB-Repetitorium
ISSN 0044-2372
2008, Special Issue 3. Corporate Social Responsibility
Herausgeber: Joachim Schwalbach – Wiesbaden: Gabler, 2008
(Zeitschrift für Betriebswirtschaft; 2008, Special Issue 3)
ISBN 3-8349-1044-9
ISBN 978-3-8349-1044-8

Alle Rechte vorbehalten

© Betriebswirtschaftlicher Verlag Dr. Th. Gabler GmbH, Wiesbaden 2008
Lektorat: Susanne Kramer/Annelie Meisenheimer

Der Gabler Verlag ist ein Unternehmen von Springer Science+Business Media.

Das Werk einschließlich aller seiner Teile ist urheberrechtlich geschützt. Jede Verwertung außerhalb der engen Grenzen des Urheberrechtsgesetzes ist ohne Zustimmung des Verlags unzulässig und strafbar. Das gilt insbesondere für Vervielfältigungen, Übersetzungen, Mikroverfilmungen und die Einspeicherung und Verarbeitung in elektronischen Systemen.

http://www.gabler.de
http://www.zfb-online.de

Höchste inhaltliche und technische Qualität unserer Produkte ist unser Ziel. Bei der Produktion und Verbreitung unserer Bücher wollen wir die Umwelt schonen: Dieses Buch ist auf säurefreiem und chlorfrei gebleichtem Papier gedruckt. Die Einschweißfolie besteht aus Polyäthylen und damit aus organischen Grundstoffen, die weder bei der Herstellung noch bei der Verbrennung Schadstoffe freisetzen.

Die Wiedergabe von Gebrauchsnamen, Handelsnamen, Warenbezeichnungen usw. in diesem Werk berechtigt auch ohne besondere Kennzeichnung nicht zu der Annahme, dass solche Namen im Sinne der Warenzeichen- und Markenschutz-Gesetzgebung als frei zu betrachten wären und daher von jedermann benutzt werden dürften.

Satz: Fotosatz-Service Köhler GmbH, Würzburg

ISBN 978-3-8349-1044-8

INHALTSVERZEICHNIS

VII   Editorial

1   **Determinants of corporate sustainability management:**
       An empirical contingency approach
       Dr. Oliver Salzmann, Prof. Dr. Ulrich Steger und Dr. Aileen Ionescu-Somers, Lausanne

23   **Stellenwert und Schwerpunkte der Nonprofit-Forschung**
       in der allgemeinen Betriebswirtschaftslehre:
       Ein Vergleich deutscher und US-amerikanischer Forschungsbeiträge
       Prof. Dr. Bernd Helmig und Dr. Silke Michalski, Freiburg (Schweiz)

57   **Der Ehrbare Kaufmann – Das ursprüngliche Leitbild der Betriebswirtschaftslehre und individuelle Grundlage für die CSR-Forschung**
       Daniel Klink, Berlin

81   **Wirtschaftsethik als Lehrfach**
       Prof. Dr. Hartmut Kliemt, Frankfurt am Main

XIV   **GRUNDSÄTZE UND ZIELE**
XV   **HERAUSGEBER/EDITORIAL BOARD**
XVI   **IMPRESSUM/HINWEISE FÜR AUTOREN**

WWW.GABLER.DE

Bachelor-Lehrbuch zum Management

MIT ZUSATZMATERIAL FÜR DOZENTEN

Georg Schreyögg | Jochen Koch
Grundlagen des Managements
Basiswissen für Studium und Praxis
2007. XIV, 461 S.
Br. EUR 24,90 ISBN 978-3-8349-0376-1

Das neue Lehrbuch von Georg Schreyögg und Jochen Koch gibt eine kompakte Darstellung der wichtigsten Inhalte des Managements. Themenauswahl und -aufbereitung sind speziell auf die Anforderungen an Studierende in Bachelor-Studiengängen zugeschnitten und das gesamte Lehrbuch ist auf ein Standardmodul in der Bachelor-Ausbildung hin konzipiert. Die einzelnen Lerneinheiten folgen dabei einem einheitlichen didaktischen Konzept: Jedes Kapitel enthält Lernziele und Schlüsselbegriffe, einen geschlossenen Lehrtext mit integrierten Informationskästen und Marginalienkommentierung, Lern- und Diskussionsfragen sowie eine abschließende Fallstudie zu Übungszwecken. Zusätzliche Service-Komponenten sollen den Einsatz als Basislehrbuch erleichtern: Alle Leserinnen und Leser können Lösungshinweise zu den Lernkontrollfragen von der Verlags-Homepage unter www.gabler.de herunterladen. Für Dozentinnen und Dozenten sind dort außerdem Zusatzmaterialien zur Unterrichtsvorbereitung hinterlegt, insbesondere Lösungshinweise für die Diskussionsfragen, Musterlösungen für die Fallstudien sowie fertige Foliensätze zur Präsentation der Lehrinhalte.

Die Autoren
Prof. Dr. Georg Schreyögg und **Dr. Jochen Koch** *forschen und lehren am Institut für Management, Freie Universität Berlin.*

Aus dem Inhalt
- Management: Einführung und konzeptionelle Grundlagen
- Planung und Kontrolle
- Organisation, Führung und Personaleinsatz

Einfach bestellen: kerstin.kuchta@gwv-fachverlage.de Telefon +49(0)611. 7878-626

KOMPETENZ IN SACHEN WIRTSCHAFT

Editorial

A. Vorbemerkungen

I. Die Bedeutung von Corporate Social Responsibility

In jüngster Zeit ist die Frage der gesellschaftlichen Verantwortung von Unternehmen bzw. der Corporate Social Responsibility zu einem der wichtigsten Themen in Wirtschaft und Gesellschaft geworden. Ausgelöst durch die zunehmende Globalisierung von Märkten üben Regierungen, Umweltorganisationen, Konsumentengruppen und Medien immer stärkeren Druck auf Unternehmen aus, sich vermehrt ihrer gesellschaftlichen Verantwortung zu stellen. Immer häufiger bewerten Ratings die gesellschaftliche Verantwortung von Unternehmen und finden trotz einiger methodischer Mängel große Beachtung in der Öffentlichkeit. Weiterhin ist zu beobachten, dass die Bedeutung von ökologisch, ethisch und nachhaltig orientierten Investmentfonds stark zunimmt und somit dem Bedürfnis nach verantwortungsvoller Unternehmensführung eines immer größer werden Kreises von Anlegern Rechnung getragen wird. Und nicht zuletzt bewirken Corporate Governance-Richtlinien, dass börsennotierte Unternehmen in ihren Geschäftsberichten auch auf gesellschaftliche und umweltpolitische Risiken eingehen müssen.

Diese aktuellen Entwicklungen verdeutlichen, dass Unternehmen ihrer gesellschaftlichen Verantwortung mehr Beachtung als bisher schenken müssen, wollen sie langfristig erfolgreich sein. Selbst Unternehmen, die bereits in der Vergangenheit sozialverträglich agiert haben, müssen heute wesentlich konsequenter einen integrierten Ansatz verfolgen, der die Win-Win Situation zwischen gesellschaftlichem und Geschäftsinteresse zum Ausdruck bringt. Kosten für soziale Projekte, die das Geschäftsinteresse nicht erkennen lassen, sind heute gegenüber den Shareholdern des Unternehmens schwer zu rechtfertigen. Stattdessen muss das gesellschaftliche Engagement eines Unternehmens Bestandteil seiner strategischen Unternehmensführung sein. Das heißt auch, dass für soziale Aktivitäten ähnlich strenge Maßstäbe angelegt werden müssen wie für die übrigen Investitionen in die Geschäftsprozesse. Somit ist gesellschaftliches Engagement untrennbar mit den Unternehmenszielen verbunden.

Folgt man der These, dass gesellschaftlich verantwortungsvolles Agieren den unternehmerischen Erfolg sichert, heißt das auch, dass ein Unternehmen sich derjenigen gesellschaftlichen Probleme annimmt, die sich entweder aus dem Geschäftsprozess ergeben bzw. diesen oder zukünftige negativ beeinflussen könnten. Einer strategisch verantwortungsbewusst ausgerichteten Unternehmensführung wird es eher gelingen, sowohl den Interessen des Unternehmens als auch denen der Gesellschaft langfristig gerecht zu werden. Wenig verantwortungsvoll handelt dagegen eine Unternehmensführung, die die gesellschaftliche Verantwortung von Unternehmen an Momentaufnahmen ausrichtet. So konterkariert zum Beispiel die zeitgleiche Ankündigung hoher Gewinnzuwächse und des Abbaus von Arbeitsplätzen den Anspruch eines Unternehmens gesellschaftlich verantwortungsvoll zu handeln, wenn es nicht gelingt, beide Aspekte mit der an langfristigen Unternehmensinteressen ausgerichteten gesellschaftlichen Verantwortung in Zusammenhang zu bringen. Dadurch wird ein in Forschung und Praxis häufig anzutreffendes Vorurteil bedient, dass ein Trade-off zwischen gesellschaftlicher Verantwortung und Unternehmensinteresse existiere.

II. CSR im Wechselspiel zwischen Wirtschaft und Gesellschaft

Wirtschaft und Gesellschaft bedingen sich wechselseitig und sind somit aufeinander angewiesen. Studien zeigen einerseits, dass Unternehmen vornehmlich in modernen Gesellschaften prosperieren, die sich bspw. durch hohen Bildungsgrad, funktionierende Märkte und ausgeprägte Rechtssicherheit auszeichnen. Andererseits sind moderne Gesellschaften auf erfolgreiche Unternehmen angewiesen, denn nur sie können über Markterfolge den Wohlstand der Gesellschaft mehren. Unternehmen und Gesellschaft sind folglich voneinander abhängig, das heißt auch, dass Handlungen der einen Seite selten erfolgreich sind, wenn sie auf Kosten der anderen Seite veranlasst werden.

Die Auswirkungen unternehmerischer Tätigkeit auf die Gesellschaft zeigen sich auf vielfältige Weise und hängen von der Komplexität und der Organisationsstruktur der verschiedenen Geschäftsprozesse im Unternehmen ab. Jedes Element der Wertschöpfungskette des Geschäftsprozesses steht in einem interaktiven Verhältnis zu Teilen der Gesellschaft. Dabei finden positive Auswirkungen in der Öffentlichkeit weit weniger Beachtung als negative. Gerade die negativen bzw. aus der Sicht der Gesellschaft unerwünschten Auswirkungen rufen Teilöffentlichkeiten, meist NGOs, auf den Plan, die verstärkt durch die Medien große öffentliche Aufmerksamkeit erlangen können. Unternehmen, die die Reaktion der Gesellschaft nicht antizipieren oder gar ignorieren, provozieren unerwünschte Marktreaktionen, die dem Unternehmenserfolg abträglich sein können. Reaktionen der Gesellschaft sind weitestgehend standort- und kulturbezogen, können jedoch auch andere Regionen und Kulturen beeinflussen. Insofern kann sich ein lokales schnell zu einem globalen Problem entwickeln.

III. Zur Begriffsbestimmung von CSR

Gesellschaftliche Verantwortung von Unternehmen wird häufig mit den Begriffen Corporate Social Responsibility (CSR), Corporate Responsibility (CR) und Corporate Citizenship (CC) gleichgesetzt. Dennoch herrscht große Unsicherheit über die genaue Begriffsbestimmung von C(S)R und CC. Die bekannte Organisation *Business for Social Responsibility* (BSR) definiert CSR als

„... *achieving commercial success in ways that honor ethical values and respect people, communities, and the natural environment* ".

Eine weitere prominente Stimme in diesem Gebiet versteht unter CSR

„... *an action by a firm, which the firm chooses to take, that substantially affects an identifiable social stakeholder's welfare* "
(Freeman (1984): Strategic Management, Boston).

Die Diskussion zum CSR-Begriff hat eine lange Tradition und wird immer noch sehr polarisierend geführt. Den einen Pol bilden zwei häufig wiedergegebene Zitate:

„there is one and only one social responsibility of business-to use its resources and engage in activities designed to increase its profits so long as it stays within the rules of the game, which is to say, engages in open and free competition without deception or fraud."
(Friedman (1970): The Social Responsibility of Business is to Increase Its Profits. In: McCoy, C. S.: Management of Values. Boston*)*

„The term 'social responsibility' has the advantage, from the standpoint of its proponents, that it disguises what they really have in mind: namely, that managers should deliberately take actions which adversely affect investors in order to bestow benefits on other individuals."
(Meckling/Jensen (1990): Reflections on the Corporation As a Social Invention. In: Cooley, P. (Hrsg.): Advances in Business Financial Management: A Collection of Readings. Chicago*)*

Den anderen Pol bildet bspw. die CSR-Definition von Carroll:

„...the social responsibility of business encompasses the economic, legal, ethical, and discretionary expectations that society has of organizations at a given point in time."
(Carroll (1979): A Three-dimensional Conceptual Model of Corporate Social Performance. in: Academy of Management Review*)*

Bei näherer Betrachtung sind die Definitionen nicht so unterschiedlich wie auf den ersten Blick angenommen. Carroll definiert CSR durch Anforderung, Erwartungen und Wünsche der Gesellschaft bzw. der Stakeholder an das Unternehmen zu einem bestimmten Zeitpunkt. Er unterscheidet vier Verantwortungsbereiche: (1) ökonomisch, (2) gesetzlich, (3) ethisch und (4) philanthropisch. Wie bei Friedman stellen der wirtschaftliche Erfolg und die Befolgung von Gesetzen eine unbedingte Forderung dar. Die *ethische* Verantwortung wird von der Gesellschaft erwartet, auch wenn dafür keine gesetzlichen Regelungen bestehen. So wird von Unternehmen Fairness gegenüber ihren Mitarbeitern erwartet bspw. durch deren Beteiligung am Unternehmenserfolg. Schließlich wird die *philanthropische* Verantwortung von der Gesellschaft erwünscht. Sie ist freiwillig. Ein Beispiel wären Unterstützungsmaßnahmen von Unternehmen für bestimmte Bildungseinrichtungen oder Obdachlosenheime. In Carrolls Aussage, dass ein Unternehmen nur gesellschaftlich verantwortlich handelt, wenn es allen vier Verantwortungsbereichen gerecht wird, liegt der Unterschied zur Definition von Friedman. Letzterer wendet sich gegen freiwillige CSR-Aktivitäten aus rein philanthropischen Motiven. Er ist der Meinung, dass die Aktionäre selbst entscheiden sollten, ob und wem sie ihr Geld zukommen lassen möchten.

Der Begriff Corporate Citizenship bzw. unternehmerisches Bürgerengagement ist im deutschen Sprachgebrauch noch relativ jung. Der aus den USA stammende Begriff wird häufig als Bestandteil von CSR gesehen. Carroll, dessen vier Dimensionen oben erwähnt wurden, setzt CC mit der philanthropischen Verantwortung gleich. Es handelt sich dementsprechend um von der Gesellschaft erwünschte freiwillige Maßnahmen des Unternehmers, z.B. die Bereitstellung von Ressourcen für die Gesellschaft zur Unterstützung von Bildung.

In Deutschland wird der Begriff teilweise sehr viel enger definiert. Unter CC wird die Kooperation mit Partnern aus anderen gesellschaftlichen Bereichen (z.B. Bildungs-,

Sozial- oder Kultureinrichtungen) zur Lösung konkreter Probleme des Gemeinwesens und zum beidseitigen Vorteil verstanden. Dementsprechend geht CC weit über reine Geldspenden hinaus, da Unternehmen ihre gesamten Ressourcen einbringen sollten. Die CC-Literatur gibt praktische Handlungsempfehlungen auf Basis von Unternehmensfallstudien und zeigt auf, wie CC ein Unternehmen z.B. bei Reputationsaufbau, Personalarbeit, Risikoprävention und Beziehungsmanagement unterstützen kann.

IV. CSR als Lehrfach

Die Thematik der gesellschaftlichen Verantwortung von Unternehmen ist in den Curricula wirtschaftswissenschaftlicher Fakultäten in Deutschland deutlich unterrepräsentiert. Mein Lehrstuhl hat im Rahmen eines gemeinsamen Projekts zum Thema „Curriculumentwicklung von Corporate Responsibility" mit der Robert Bosch Stiftung und dem CCCD-Centrum für Corporate Citizenship Deutschland eine Vollerhebung aller wirtschaftswissenschaftlichen Fachbereiche an deutschen Universitäten und Fachhochschulen durchgeführt. Dabei wurde ermittelt, dass lediglich an knapp 60% der Universitäten und 50% der Fachhochschulen Fächer mit den Bezeichnungen Wirtschafts- und/oder Unternehmensethik, Corporate Citizenship, Nachhaltigkeit, nachhaltiges Management, Umweltmanagement oder Umweltökonomie angeboten werden. Veranstaltungen mit dem Titel Unternehmensethik oder Umweltmanagement machen dabei jeweils 50% bzw. 28% aller angebotenen Lehrveranstaltungen aus. In einer Folgestudie wurde ermittelt, dass in den einführenden Lehrbüchern der Betriebswirtschaftslehre zur gesellschaftlichen Verantwortung von Unternehmen so gut wie nichts zu finden ist.

Dies ist ein deutlicher Unterschied zu den USA und UK, aber auch zu anderen Teilen Kontinentaleuropas, wo bereits interessante Studienangebote zum Thema Corporate Social Responsibility bzw. Business & Society entwickelt wurden, die wesentlich facettenreicher sind, als das auf Unternehmensethik und Umweltmanagement fokussierte deutsche Angebot. In diesen Ländern hat man erkannt, dass die Einbindung von CSR in das betriebswirtschaftliche Studium eine Chance bietet, künftige Entscheidungsträger in der Wirtschaft frühzeitig für ein Thema zu sensibilisieren und zu qualifizieren, das sich zu einer globalen Zukunftsaufgabe entwickelt.

V. Zielsetzung des Special Issue

Die betriebswirtschaftliche Forschung hierzulande hinkt dieser in der Öffentlichkeit immer intensiver diskutierten gesellschaftlichen Verantwortung von Unternehmen weit hinterher. Insbesondere in der deutschsprachigen Literatur sind hierzu kaum Beiträge zu finden. In der anglo-amerikanischen Literatur dagegen ist der Fundus an theoretischen und empirischen Beiträgen weitaus größer und verteilt sich auf alle namhaften betriebswirtschaftlichen Zeitschriften. Dabei haben sich zahlreiche Spezialthemen herausgebildet. Im Mittelpunkt stehen die Studien, die den Versuch unternommen haben, eine kausale Beziehung zwischen dem Ausmaß der gesellschaftlichen Verantwortung von Unternehmen (CSR) und deren finanzieller Performance empirisch zu überprüfen. Trotz zahlreicher Studien sind die bisher erzielten Ergebnisse wenig stringent und sehr widersprüchlich.

Das vorliegende ZfB-Special Issue beabsichtigt, auf das CSR-Forschungsgebiet der ‚Corporate Social Responsibility' aufmerksam zu machen und zukünftige Forschung anzuregen. Die Beiträge wurden nach der Maxime ausgewählt, aus dem deutschsprachigen Bereich zu stammen und die enorme Breite des Forschungsgebiets abzudecken. Der erste Beitrag von *Salzmann, Steger und Ionescu-Somers* ist ein bedeutender Ausschnitt aus dem breiten Spektrum von Themen, die die Wissenschaftler unter Leitung von Professor *Steger* (IMD und TU Berlin) seit vielen Jahren auf dem CSR-Gebiet vorweisen können. Im zweiten Beitrag geben *Helmig und Michalski* einen Überblick zur Forschung zu Nonprofit-Organisationen und verweisen auf das enorme Forschungspotential, das diese Forschungsrichtung für zukünftige CSR-Forschung besitzt. Im dritten Beitrag nimmt *Klink* eine gesellschaftsgeschichtliche Analyse des Leitbilds des Ehrbaren Kaufmanns vor und zeigt, dass die gegenwärtige CSR-Forschung um die individuelle Ebene der Unternehmer und Manager erweitert werden müsste. Im letzten Beitrag verweist *Kliemt* darauf, dass die CSR-motivierte, wirtschaftsethische Ausbildung nicht substantielle Werte vermitteln, sondern die Fähigkeit zu eigenständiger Urteilsbildung fördern sollte. Die vorliegenden Beiträge knüpften unmittelbar an die im Special Issue 1/2007 unter dem Thema „Der Ehrbare Kaufmann: Modernes Leitbild für Unternehmer?" begonnene Diskussion an.

B. Zum Inhalt der Beiträge

Determinants of corporate sustainability management: An empirical contingency approach

Salzmann, Steger und Ionescu-Somers legen eine empirische Studie vor, in der die Bedeutung industrie- und länderspezifischer Determinanten des Nachhaltigkeitsmanagements ermittelt wird. Dieser Aspekt ist wichtig, da in der CSR-Forschung allzu häufig davon ausgegangen wird, dass das Nachhaltigkeitsmanagement weitestgehend losgelöst von branchen- und regionenspezischen Anpassungen erfolgen kann. Die Autoren beschränken sich in ihrer Analyse auf die Industriesektoren Öl und Gas, Technologie und Nahrungsmittel. Die Datenbasis bilden Befragungen von 398 Managern aus den Regionen Europa, Nordamerika und Asien. Theoretisch knüpfen die Autoren – wie bereits zahlreiche andere Forscher zuvor – an das Modell von Wood aus dem Jahre 1991 an. Wood verwendet zur Erklärung der Corporate Social Performance die Determinanten Public Responsibility, Legitimacy und Managerial Discretion. Salzmann et al. erweitern dieses Modell um die Determinate Corporate Discretion. Die Ergebnisse bestätigen die Bedeutung von branchen- und länderspezifischen Einflüssen auf das Nachhaltigkeitsmanagement. Darüber hinaus kommen die Autoren zu dem Ergebnis, dass die führenden Unternehmen beim Nachhaltigkeitsmanagement finanzielle Risiken neuer sozialer und umweltbezogener Problemfelder umfassender und höher bewerten sowie dem Marktwert und der Unternehmensreputation höhere Bedeutung beimessen als andere Unternehmen, für die das Nachhaltigkeitsmanagement eine geringere Bedeutung hat.

Stellenwert und Schwerpunkte der Nonprofit-Forschung in der allgemeinen Betriebswirtschaftslehre: Ein Vergleich deutscher und US-amerikanischer Forschungsbeiträge

Der Beitrag von *Helmig und Michalski* verfolgt drei Ziele: Erstens wird der Stellenwert der deutschen und US-amerikanischen Forschung zu Nonprofit-Organisationen (NPOs) innerhalb der Allgemeinen Betriebswirtschaftslehre ermittelt. Zweitens werden die Forschungsschwerpunkte und die möglichen Unterschiede und Gemeinsamkeiten in der Schwerpunktsetzung beider Länder bestimmt. Und drittens werden Handlungsempfehlungen für zukünftige NPO-Forschung abgeleitet. Die Analyse erfolgt unter besonderer Berücksichtigung der Wechselwirkung zwischen NPOs und gewinnorientierten Unternehmen im Rahmen der gesellschaftlichen Verantwortung von Unternehmen. Der CSR-Bezug der NPO-Forschung ist neu und viel versprechend, da er einen Vergleich des erzielten Gemeinwohls von erwerbswirtschaftlichen und gemeinwirtschaftlichen Unternehmen ermöglicht. Dieser Vergleich ist insbesondere bei der Debatte um die Privatisierung von gemeinwirtschaftlichen Unternehmen von großer Bedeutung. Die Autoren zeigen in ihrer umfangreichen Publikationsanalyse für den Zeitraum von 1990 bis 2005 bemerkenswerte Unterschiede zwischen den USA und Deutschland. Im Vergleich zur deutschen NPO-Forschung finden sich in den US-amerikanischen Publikationen nicht nur deutlich mehr Beiträge zu NPOs, die Forschungsschwerpunkte betreffen auch nahezu alle Funktionsbereiche der Organisation und sind stärker empirisch ausgerichtet. Gemeinsam ist allen Studien, dass sie sich überwiegend auf die Bereiche des Bildungs- und Gesundheitswesens konzentrieren.

Der Ehrbare Kaufmann – Das ursprüngliche Leitbild der Betriebswirtschaftslehre und individuelle Grundlage für die CSR-Forschung
Klink legt eine gesellschaftsgeschichtliche Analyse zur Entwicklung des Leitbilds des Ehrbaren Kaufmanns vor. Aufgezeigt werden die europäischen Anfänge des Leitbilds, wie sie sich im mittelalterlichen Italien und dem norddeutschen Städtebund der Hanse finden lassen. Der Beitrag ist für die gegenwärtige CSR-Forschung von großer Bedeutung, da er die vornehmlich unternehmensbezogene Diskussion um die individuelle Ebene der Unternehmer und Manager erweitert. Nicht zuletzt verbindet sich mit diesem Beitrag die Hoffnung, dass das Leitbild in seiner geschichtlichen und modernen Variante Einzug in die Lehrbücher der Betriebswirtschaftslehre hält, die weitestgehend die individuelle Ebene der Unternehmer und Manager unberücksichtigt lassen. Außerdem zeigt *Klink*, dass das Thema der gesellschaftlichen Verantwortung von Unternehmen nicht neu ist und auf individueller Ebene bereits seit Jahrhunderten in Form des Ehrbaren Kaufmanns existiert. Diese Feststellung ist insofern wichtig, da insbesondere die anglo-amerikanische CSR-Literatur häufig den gegenteiligen Eindruck vermittelt.

Wirtschaftsethik als Lehrfach
Im ersten Beitrag des Special Issue 1/2007 wartet Albach mit der Feststellung auf, dass die Betriebswirtschaftslehre auf ethischen Prinzipien beruhe und Lehrstühle für Wirtschaftsethik nicht nur überflüssig, sondern sogar schädlich seien. Ungeachtet dieser Position werden zunehmend Lehrstühle für Wirtschaftsethik – wie jüngst in Mannheim – eingerichtet. *Kliemt* befasst sich in seinem Beitrag mit der Wirtschaftsethik als Lehrfach. Ausgangspunkt bildet die Überlegung, dass den Unternehmen die gesellschaftliche Verantwortung von außen zugeschrieben wird. Angesichts der Vielfalt widerstreitender möglicher Verantwortungszuschreibungen könne man es mit CSR-Aktivitäten nicht allen recht machen. Unter diesen Umständen könne man verantwortliches Handeln nur im Rahmen ethischer Prinzipien verfolgen, die sich in einem der möglichen ethischen Über-

legungsgleichgewichte befinden. *Kliemt* betont, dass die Lehre in Wirtschaftsethik nicht legitim vorgeben könne, welches der Gleichgewichte gewählt werden sollte, sie könne nur das Handwerkszeug liefern, wie man ein solches Gleichgewicht suchen und unter Umständen auch finden könnte. Die Vermittlung spezifischer substantieller ethischer Werte als Aufgabe der Lehre in Wirtschaftsethik scheidet nach *Kliemt* aus.

Prof. Dr. Joachim Schwalbach
Humboldt-Universität zu Berlin

WWW.GABLER.DE

Bewährtes Lehrbuch in Neuauflage

Jean-Paul Thommen | Ann-Kristin Achleitner
Allgemeine Betriebswirtschaftslehre
Umfassende Einführung aus managementorientierter Sicht
5., überarb. u. erw. Aufl. 2006. 1104 S. Geb.
EUR 49,90 ISBN 978-3-8349-0366-2

Für die 5. Auflage wurde die „Allgemeine Betriebswirtschaftslehre" von Thommen/Achleitner wiederum überarbeitet und um viele neue Themen erweitert: Projekt- und Risikomanagement, Europa AG, Unternehmen als komplexe Systeme, neues St. Galler Management Modell, Investitions- und Dienstleistungsmanagement, Sponsoring und Product Placement, Supply Chain Management, Postponement, Mass Customization, moderne Formen leistungsabhängiger Vergütung, Telearbeit, neue Methoden der Personalentwicklung (Coaching, E-Learning), interkulturelles Management, Corporate Governance.

Jean-Paul Thommen | Ann-Kristin Achleitner
Allgemeine Betriebswirtschaftslehre Arbeitsbuch
Repetitionsfragen - Aufgaben - Lösungen
5., überarb. Aufl. 2007. 576 S. Br.
EUR 39,90 ISBN 978-3-8349-0432-4

Das Arbeitsbuch zum Lehrbuch „Allgemeine Betriebswirtschaftslehre" von Thommen/Achleitner enthält nicht nur Übungsfragen und vertiefende Aufgaben, sondern auch Lösungen zu allen Aufgaben. Es folgt dabei der bewährten Struktur des Lehrbuchs und erscheint ebenfalls bereits in der 5. Auflage.

Einfach bestellen: kerstin.kuchta@gwv-fachverlage.de Telefon +49(0)611. 7878-626

KOMPETENZ IN SACHEN WIRTSCHAFT

Änderungen vorbehalten. Erhältlich im Buchhandel oder beim Verlag.

GRUNDSÄTZE UND ZIELE

Die **Zeitschrift für Betriebswirtschaft (ZfB)** ist eine der ältesten deutschen Fachzeitschriften der Betriebswirtschaftslehre. Sie wurde im Jahre 1924 von Fritz Schmidt begründet und von Wilhelm Kalveram, Erich Gutenberg und Horst Albach fortgeführt. Sie wird heute von 14 Universitätsprofessoren, die als **Department Editors** fungieren, herausgegeben. Dem **Editorial Board** gehören namhafte Persönlichkeiten aus Universität und Wirtschaftspraxis an. Die Fachvertreter stammen aus den USA, Japan und Europa.

Die ZfB verfolgt das Ziel, die **Forschung auf dem Gebiet der Betriebswirtschaftslehre** anzuregen sowie zur Verbreitung und Anwendung ihrer Ergebnisse beizutragen. Sie betont die Einheit des Faches; enger und einseitiger Spezialisierung in der Betriebswirtschaftslehre will sie entgegenwirken. Die Zeitschrift dient dem **Gedankenaustausch zwischen Wissenschaft und Unternehmenspraxis**. Sie will die betriebswirtschaftliche Forschung auf wichtige betriebswirtschaftliche Probleme in der Praxis aufmerksam machen und sie durch Anregungen aus der Unternehmenspraxis befruchten.

In der ZfB können auch englischsprachige Aufsätze veröffentlicht werden. Die Herausgeber begrüßen die Einreichung englischsprachiger Beiträge von deutschen und internationalen Wissenschaftlern. Durch die Zusammenfassungen in englischer Sprache sind die deutschsprachigen Aufsätze der ZfB auch internationalen Referatenorganen zugänglich. Im Journal of Economic Literature werden die Aufsätze der ZfB zum Beispiel laufend referiert.

Die Qualität der Aufsätze in der ZfB wird durch die Herausgeber und einen Kreis renommierter Gutachter gewährleistet. Das **Begutachtungsverfahren** ist doppelt verdeckt und wahrt damit die Anonymität von Autoren wie Gutachtern gemäß den international üblichen Standards. Jeder Beitrag wird von zwei Fachgutachtern beurteilt. Bei abweichenden Gutachten wird ein Drittgutachter bestellt. Die Department Editors entscheiden auf der Grundlage der Gutachten eigenverantwortlich über die Annahme und Ablehnung der von ihnen betreuten Manuskripte. Sie können Beiträge auch ohne Begutachtungsverfahren ablehnen, wenn diese formal oder inhaltlich von den Vorgaben der ZfB abweichen.

Die ZfB veröffentlicht im Einklang mit diesen Grundsätzen und Zielen:

- **Aufsätze** zu theoretischen und praktischen Fragen der Betriebswirtschaftslehre einschließlich von Arbeiten junger Wissenschaftler, denen sie ein Forum für die Diskussion und die Verbreitung ihrer Forschungsergebnisse eröffnet,
- **Ergebnisse der Diskussion** aktueller betriebswirtschaftlicher Themen zwischen Wissenschaftlern und Praktikern,
- **Berichte** über den Einsatz wissenschaftlicher Instrumente und Konzepte bei der Lösung von betriebswirtschaftlichen Problemen in der Praxis,
- **Schilderungen von Problemen** aus der Praxis zur Anregung der betriebswirtschaftlichen Forschung,
- **„State of the Art"-Artikel,** in denen Entwicklung und Stand der Betriebswirtschaftslehre eines Teilgebietes dargelegt werden.

Die ZfB informiert ihre Leser über **Neuerscheinungen** in der Betriebswirtschafslehre und der Management Literatur durch ausführliche Rezensionen und Kurzbesprechungen und berichtet in ihrem **Nachrichtenteil** regelmäßig über betriebswirtschaftliche Tagungen, Seminare und Konferenzen sowie über persönliche Veränderungen vorwiegend an den Hochschulen. Darüber hinaus werden auch Nachrichten für Studenten und Wirtschaftspraktiker veröffentlicht, die Bezug zur Hochschule haben.

WWW.GABLER.DE

Das neue Paradigma der Kundenbeziehung

Thomas Foscht | Bernhard Swoboda
Das neue Paradigma der Kundenbeziehung
Käuferverhalten
Grundlagen - Perspektiven - Anwendungen
3., akt. Aufl. 2007. XIV, 308 S. Mit 198 Abb. Br.
EUR 29,90 ISBN 978-3-8349-0470-6

Während man sich im Marketing mehr und mehr vom reinen Beeinflussungsmarketing abwendet und dieses durch Beziehungsmarketing ergänzt, ist dieser Wandel im Bereich der Käuferverhaltensliteratur noch nicht im selben Ausmaß vollzogen. In diesem Lehrbuch steht daher neben den Grundlagen zur Erklärung des Käuferverhaltens das „Paradigma" der Kundenbeziehung im Mittelpunkt.

Der Autor
Prof. Dr. Thomas Foscht ist Inhaber einer Professur für Marketing an der California State University bei San Francisco, USA.
Prof. Dr. Bernhard Swoboda ist Inhaber der Professur für Betriebswirtschaftslehre, insbesondere Marketing und Handel, der Universität Trier.

Einfach bestellen: kerstin.kuchta@gwv-fachverlage.de Telefon +49(0)611. 7878-626

KOMPETENZ IN SACHEN WIRTSCHAFT

HERAUSGEBER/EDITORIAL BOARD

Editor-in-Chief

Prof. Dr. Dr. h.c. Günter Fandel ist Universitätsprofessor und Inhaber des Lehrstuhls für Betriebswirtschaft, insbesondere Produktions- und Investitionstheorie an der FernUniversität in Hagen. Seine Hauptarbeitsgebiete sind Industriebetriebslehre, Produktionsmanagement und Hochschulmanagement.

Department Editors

Prof. Dr. Wolfgang Breuer ist Universitätsprofessor und Inhaber des Lehrstuhls für Betriebswirtschaftslehre, insb. Betriebliche Finanzwirtschaft, an der Rheinisch-Westfälischen Technischen Hochschule Aachen. Seine Hauptarbeitsgebiete sind Finanzierungs- und Investitionstheorie sowie Portfolio- und Risikomanagement.

Prof. Dr. Holger Ernst ist Inhaber des Lehrstuhls für Betriebswirtschaftslehre, insbesondere Technologie- und Innovationsmanagement an der Wissenschaftlichen Hochschule für Unternehmensführung – Otto-Beisheim-Hochschule – (WHU) in Vallendar.

Prof. Dr. Oliver Fabel ist Universitätsprofessor und Inhaber des Lehrstuhls für Personalwirtschaft mit Internationaler Schwerpunktsetzung am Institut für Betriebswirtschaftslehre der Universität Wien. Seine Hauptarbeitsgebiete sind Personal-, Organisations- und Bildungsökonomik.

Prof. Dr. Dr. h.c. Günter Fandel, s.o.

Prof. Dr. Armin Heinzl ist Universitätsprofessor und Inhaber des Lehrstuhls für Allgemeine Betriebswirtschaftslehre und Wirtschaftsinformatik an der Universität Mannheim. Seine Hauptarbeitsgebiete sind Wirtschaftsinformatik, Organisationslehre sowie Logistik.

Prof. Dr. Manfred Krafft ist Universitätsprofessor, Inhaber des Lehrstuhls für Allgemeine Betriebswirtschaftslehre, insbesondere Marketing und Direktor des Instituts für Marketing der Westfälischen Wilhelms-Universität Münster. Seine Hauptarbeitsgebiete sind Customer Relationship Management, Direktmarketing und Vertriebsmanagement.

Prof. Dr. Norbert Krawitz ist Universitätsprofessor und Inhaber des Lehrstuhls für Betriebswirtschaftslehre mit dem Schwerpunkt Betriebswirtschaftliche Steuerlehre und Prüfungswesen an der Universität Siegen. Seine Hauptarbeitsgebiete sind Rechnungslegung, Wirtschaftsprüfung und betriebswirtschaftliche Steuerlehre.

Prof. Dr. Dr. h.c. Hans-Ulrich Küpper ist Universitätsprofessor und Direktor des Instituts für Produktionswirtschaft und Controlling der Universität München. Seine Hauptarbeitsgebiete sind Unternehmensrechnung, Controlling und Hochschulmanagement.

Prof. Dr. Werner Pascha ist Universitätsprofessor und Inhaber des Lehrstuhls für Ostasienwirtschaft / Wirtschaftspolitik an der Universität Duisburg-Essen.

Prof. Dr. Joachim Schwalbach ist Universitätsprofessor und Inhaber des Lehrstuhls für Internationales Management an der Humboldt-Universität zu Berlin.

Prof. Dr. Hartmut Stadtler ist Universitätsprofessor und Inhaber des Instituts für Logistik und Transport an der Universität Hamburg. Seine Hauptarbeitsgebiete sind die Logistik, die Unternehmensplanung und die unternehmensübergreifende Planung im Rahmen des Supply Chain Management sowie deren Unterstützung durch Softwaresysteme (z.B. Advanced Planning Systeme).

Prof. Dr. Stefan Winter ist Universitätsprofessor und Inhaber des Lehrstuhls für Human Resource Management an der Ruhr-Universität in Bochum. Seine Hauptarbeitsgebiete sind die Analyse von Anreizstrukturen in Unternehmen, Gestaltung von Vergütungssystemen für Führungskräfte sowie die Institutionenökonomische Analyse von Personal- und Organisationsproblemen.

Prof. Dr. Peter Witt ist Universitätsprofessor und Inhaber des Lehrstuhls für Innovations- und Gründungsmanagement an der Universität Dortmund. Seine Hauptarbeitsgebiete sind Entrepreneurship, Gründungsfinanzierung und Familienunternehmen.

Prof. Dr. Uwe Zimmermann ist Hochschulprofessor und Leiter des Instituts für Mathematische Optimierung an der Technischen Universität Braunschweig. Seine Hauptarbeitsgebiete sind die Lineare, Kombinatorische und Diskrete Optimierung und ihre Anwendung auf komplexe Systeme in Verkehr und Logistik.

Editorial Board

Prof. (em.) Dr. Dr. h.c. mult. Horst Albach (Chairman)
Prof. Alain Burlaud
Prof. Dr. Dr. Dr. h.c. Santiago Garcia Echevarria
Prof. Dr. Lars Engwall
Dr. Dieter Heuskel
Dr. Detlef Hunsdiek
Prof. Dr. Don Jacobs
Prof. Dr. Eero Kasanen
Dr. Bernd-Albrecht v. Maltzan
Prof. Dr. Koji Okubayashi
Hans Botho von Portatius
Prof. Dr. Oleg D. Prozenko
Prof. (em.) Dr. Hermann Sabel
Prof. Dr. Adolf Stepan
Dr. med. Martin Zügel

Verlag

Gabler Verlag/GWV Fachverlage GmbH,
Abraham-Lincoln-Straße 46, 65189 Wiesbaden,
http://www.gabler.de
http://www.zfb-online.de
Geschäftsführer: Dr. Ralf Birkelbach, Albrecht F. Schirmacher
Verlagsbereichsleitung Buch, Journals, Seminare, Online:
Maria Akhavan-Hezavei
Gesamtleitung Produktion: Ingo Eichel
Gesamtleitung Vertrieb: Gabriel Göttlinger

Editor-in-Chief:
Professor Dr. Dr. h.c. Günter Fandel
FernUniversität in Hagen
Fakultät für Wirtschaftswissenschaft
58084 Hagen
E-Mail: ZfB@FernUni-Hagen.de

Anfragen an den Editor-in-Chief werden per E-Mail an die Adresse ZfB@Fernuni-Hagen.de erbeten. Von Anfragen, die durch die Nutzung der Online-Suche unter http://www.zfb-online.de oder die Einsicht in die Jahresinhaltsverzeichnisse beantwortet werden können, bitten wir abzusehen.

Redaktion: Annelie Meisenheimer, Tel.: 0611/7878-232,
Fax: 0611/7878-411, E-Mail: Annelie.Meisenheimer@Gabler.de

Abonnentenbetreuung: Stefanie Druffelsmeyer, Tel.: 05241/801968,
Fax: 05241/809620

Produktmanagement: Kristiane Alesch, Tel.: 0611/7878-359,
Fax: 0611/7878-439, E-Mail: Kristiane.Alesch@Gabler.de

Anzeigenleitung: Stefan Strussione, Tel.: 0611/7878-157,
Fax: 0611/7878-430, E-Mail: Stefan.Strussione@gwv-fachverlage.de

Anzeigendisposition: Monika Dannenberger,
Tel.: 0611/7878-148, Fax: 0611/7878-430,
E-Mail: Monika.Dannenberger@gwv-fachverlage.de

Es gilt die Anzeigenpreisliste vom 1. 1. 2006.

Produktion/Layout: Kerstin Gollarz

Bezugsmöglichkeiten: Die Zeitschrift erscheint monatlich. Das Abonnement kann jederzeit zur nächsten erreichbaren Ausgabe schriftlich mit Nennung der Kundennummer gekündigt werden. Eine schriftliche Bestätigung erfolgt nicht. Zuviel gezahlte Beträge für nicht gelieferte Ausgaben werden zurückerstattet. Jährlich können 1 bis 6 Special Issues hinzukommen. Jedes Special Issue wird den Abonnenten mit einem Nachlass von 25% des jeweiligen Ladenpreises gegen Rechnung geliefert.

	Preise Inland	Preise Ausland
Einzelheft:	38,– Euro	44,– Euro
Studenten-*/Emeritus-Abo:	69,– Euro	88,– Euro
ausgewählte Verbände:**	168,– Euro	184,– Euro
Privat-Abo:	198,– Euro	224,– Euro
Lehrstuhl-Abo:	224,– Euro	249,– Euro
Bibliotheks-/Unternehmensabo:	388,– Euro	406,– Euro

* Studienbescheinigung
** auf Anfrage beim Verlag

© Betriebswirtschaftlicher Verlag Dr. Th. Gabler/
GWV Fachverlage GmbH, Wiesbaden 2008.

Der Gabler Verlag ist ein Unternehmen von Springer Science+Business Media.

Alle Rechte vorbehalten. Kein Teil dieser Zeitschrift darf ohne schriftliche Genehmigung des Verlages vervielfältigt oder verbreitet werden. Unter dieses Verbot fällt insbesondere die gewerbliche Vervielfältigung per Kopie, die Aufnahme in elektronische Datenbanken und die Vervielfältigung auf CD-ROM und allen anderen elektronischen Datenträgern.

Satzherstellung: Fotosatz-Service Köhler GmbH,
97084 Würzburg.

Druck und Verarbeitung: Druckerei Krips, Meppel, Niederlande.

Gedruckt auf säurefreiem und chlorfrei gebleichtem Papier.

Printed in Europe   ISSN: 0044-2372

Hinweise für Autoren

1. Bitte beachten Sie die „Grundsätze und Ziele" der ZfB.

2. Die ZfB bietet ihren Autoren die Möglichkeit der Online-Einreichung ihrer Beiträge an. Manuskripte – in deutscher oder englischer Sprache – können vom Autor unter http://mc.manuscriptcentral.com/zfb direkt in das Manuskriptverwaltungssystem eingespeist werden. Hierbei ist insbesondere auf die Wahrung der Anonymität der zur Begutachtung eingereichten Vorlagen zu achten. Der Autor verpflichtet sich mit der Einsendung des Manuskripts unwiderruflich, das Manuskript bis zur Entscheidung über die Annahme nicht anderweitig zu veröffentlichen oder zur Veröffentlichung anzubieten. Diese Verpflichtung erlischt nicht durch Korrekturvorschläge im Begutachtungsverfahren.

3. Aufsätze, die im wesentlichen Ergebnisse von Dissertationen wiedergeben, werden nicht veröffentlicht. Um die Ergebnisse von Dissertationen breiter bekannt zu machen, hat die ZfB eine Rubrik „Dissertationen" im Besprechungsteil eingeführt. Hier werden vorzugsweise Erstgutachten von Dissertationen – in entsprechend gekürzter Form – abgedruckt.

4. Alle eingereichten Manuskripte werden, wie international üblich, einem doppelt verdeckten Begutachtungsverfahren unterzogen, d.h. Autoren und Gutachter erfahren ihre Identität gegenseitig nicht. Die Gutachten werden den Autoren und den Gutachtern gegenseitig in anonymisierter Form zur Kenntnis gebracht. Jeder Beitrag wird von zwei Fachgutachtern beurteilt. Bei abweichenden Gutachten wird ein dritter Gutachter bestellt. Durch dieses Verfahren soll die fachliche Qualität der Beiträge gesichert werden. Die Department Editors entscheiden auf der Grundlage der Gutachten eigenverantwortlich über die Annahme und Ablehnung der von ihnen betreuten Manuskripte. Auch haben sie das Recht, einen Beitrag direkt abzulehnen, wenn er aus formalen und/oder inhaltlichen Gründen von den Vorgaben der Zeitschrift abweicht.

5. Die Manuskripte sind in Times New Roman, 12 Punkt, 11/2zeilig mit 2,5 cm Rand zu schreiben. Sie sollten nicht länger als 25 Schreibmaschinenseiten sein. Der Titel des Beitrages und der/ die Verfasser mit vollem Titel und ausgeschriebenen Vornamen sowie beruflicher Stellung sind auf der ersten Manuskriptseite aufzuführen. Dem Beitrag ist ein „Überblick" von höchstens 15 Zeilen voranzustellen, in dem das Problem, die angewandte Methodik, das Hauptergebnis in seiner Bedeutung für Wissenschaft und/oder Praxis dargestellt werden. Die Aufsätze sind einheitlich nach dem Schema A., I., 1., a) zu gliedern. Endnoten (Times New Roman, 12 pt) sind im Text fortlaufend zu numerieren und am Schluß des Aufsatzes unter „Anmerkungen" zusammenzustellen. Anmerkungen und Literatur sollen getrennt aufgeführt werden. Im Text und in den Anmerkungen soll auf das Literaturverzeichnis nach dem Schema: (Gutenberg, 1982, S. 352) verwiesen werden. Jedem Aufsatz muß eine „Summary" in englischer Sprache von nicht mehr als 15 Zeilen Länge und eine deutsche Zusammenfassung gleicher Länge angefügt werden. Für jeder Abbildungen und Tabellen ist eine Legende vorzusehen (z.B.: Abb. 1: Kostenfunktion, bzw. Tab. 2: Rentabilitätsentwicklung). Abbildungen und Tabellen sind an der betreffenden Stelle des Manuskripts in Kopie einzufügen und im Original (reproduzierfähig) dem Manuskript beizulegen. Mathematische Formeln sind fortlaufend zu numerieren: (1), (2) usw. Sie sind so einfach wie möglich zu halten. Griechische- und Fraktur-Buchstaben sind ausdrücklich gekennzeichnet, um ungewöhnliche mathematische und sonstige Zeichen für den Setzer zu erläutern. Auf mathematische Ableitungen soll im Text verzichtet werden; sie sind aber für die Begutachtung beizufügen. Mit dem Manuskript liefert der Autor ein reproduzierfähiges Brustbild (Passphoto) von sich sowie eine kurze Information (max. 7 Zeilen) zu seiner Person und seinen Arbeitsgebieten.

6. Der Autor verpflichtet sich, die Korrekturfahnen innerhalb einer Woche zu lesen und die Mehrkosten für Korrekturen, die nicht vom Verlag zu vertreten sind, sowie die Kosten für die Korrektur durch einen Korrektor bei nicht termingerechter Rücksendung der Fahnenkorrektur zu übernehmen.

7. Der Autor ist damit einverstanden, daß sein Beitrag außer in der Zeitschrift auch durch Lizenzvergabe in anderen Zeitschriften (auch übersetzt), durch Nachdruck in Sammelbänden (z.B. zu Jubiläen der Zeitschrift oder des Verlages oder in Themenbänden), durch längere Auszüge in Büchern des Verlages auch zu Werbezwecken, durch Vervielfältigung und Verbreitung auf CD-ROM oder anderen Datenträgern, durch Speicherung und Abruf in Datenbanken, deren Weitergabe und dem Abruf von solchen Datenbanken während der Dauer des Urheberrechtsschutzes an dem Beitrag im In- und Ausland vom Verlag und seinen Lizenznehmern genutzt wird.

Marketing Review St. Gallen | Die neue Thexis – Marketingfachzeitschrift für Theorie und Praxis | www.marketingreview.ch |

Lesen Sie sich in Führung

Marketing Review St. Gallen ist der Marketingberater für erfolgreiche Führungskräfte. Das Besondere daran: Top-Manager berichten über konkrete Erfahrungen und Strategien aus dem Unternehmensalltag. Und Professoren der führenden europäischen Universitäten publizieren ihre neuesten Erkenntnisse für Praktiker gut lesbar aufbereitet.

Profitieren Sie vom Wissen der Vordenker und eröffnen Sie sich neue Perspektiven für erfolgreiches Marketing. Bestellen Sie jetzt Ihr persönliches Leseexemplar im Internet unter **www.readtolead.de** oder per Telefon: +49(0) 52 41 . 80 19 68

WWW.GABLER.DE
WWW.PERSONALMANAGEMENT-LEHRBUCH.DE

Ruth Stock-Homburg

Personalmanagement

Das Personalmanagement hat sich in den letzten zwei Jahrzehnten stark gewandelt: Es ist heute weniger eine rein administrative Unterstützungsfunktion, sondern vielmehr ein strategisch angesiedelter Bereich in der Unternehmensführung. Das Buch greift die aktuellen Herausforderungen auf und bettet diese in die klassischen Konzepte und Instrumente des Personalmanagements ein.

Ruth Stock-Homburg vermittelt Studierenden und Praktikern in anschaulicher und kompakter Weise die zentralen Grundlagen, Konzepte und Instrumente eines zeitgemäßen Personalmanagements. In dem Buch werden insbesondere folgende Fragestellungen behandelt:

- Welche theoretischen Konzepte bilden die Basis für eine erfolgreiche Gestaltung des Personalmanagements?
- Mithilfe welcher Instrumente kann der Mitarbeiterfluss in Unternehmen (Planung, Gewinnung, Entwicklung, Freisetzung) erfolgreich gestaltet werden?
- Wie sollten die Belohnungssysteme (d. h. die Beurteilung und die Vergütung) in Unternehmen gestaltet werden?
- Wie können Mitarbeiter und Teams erfolgreich geführt werden?
- Wie kann das Potenzial älterer Führungskräfte und Mitarbeiter vor dem Hintergrund des demographischen Wandels erschlossen werden?
- Gibt es Besonderheiten im Umgang mit weiblichen Führungskräften und Mitarbeiterinnen?
- Wie können Unternehmen psychische Probleme von Führungskräften bzw. Mitarbeitern aufgrund hoher Arbeitsbelastungen durch ein strukturiertes Health Care Management vermeiden?

„Jedes Unternehmen ist auf Dauer nur so gut wie seine Mitarbeiter. Das richtige Personalmanagement ist deshalb ein entscheidender Wettbewerbsvorteil. Dieses Buch zeigt, worauf es dabei ankommt."

Dr. Dieter Zetsche, Vorstandsvorsitzender Daimler AG

„Dieses Buch zeigt die zukünftige Richtung des Personalmanagements auf: Internationalität, Praxisorientierung und umfassende theoretische Fundierung. Ein Buch der neuen Generation."

Prof. Dr. Michel E. Domsch, Universität Hamburg

Aktuell und umfassend:
Grundlagenwerk
des Personalmanagements

Ruth Stock-Homburg
Personalmanagement
Theorien – Konzepte – Instrumente
2008. XVIII, 737 S. Geb.
EUR 39,90
ISBN 978-3-8349-0520-8

Die Autorin

Univ.-Prof. Dr. Ruth Stock-Homburg ist Leiterin des Fachgebiets Marketing & Personalmanagement und des Arbeitskreises für marktorientierte Unternehmensführung an der Technischen Universität Darmstadt. Ihre wissenschaftlichen Arbeiten auf den Gebieten der marktorientierten Unternehmensführung und des Personalmanagements wurden national bzw. international mehrfach ausgezeichnet.

Einfach bestellen: kerstin.kuchta@gwv-fachverlage.de Telefon +49(0)611. 7878-626

KOMPETENZ IN SACHEN WIRTSCHAFT

GABLER

Determinants of corporate sustainability management: An empirical contingency approach

Oliver Salzmann, Ulrich Steger, Aileen Ionescu-Somers

Overview

- Empirical research has clearly neglected cross-industry research in the area of corporate sustainability management (CSM). Hence, it has largely failed to take into account industry-specific contingencies when examining drivers and barriers of CSM.
- The present study draws on data collected through self-completion questionnaires in three industry sectors (oil and gas, technology and food and beverage). The authors employ analyses of variance (ANOVAs) and multiple linear regression to compare the determinants of CSM across the three sectors. They adapt Wood's (1991) model of corporate social performance to examine the significance of four determinants (guiding principles) of CSM.
- The authors show that internal and external drivers of and barriers to CSM are indeed sector-specific. They also validate hypotheses about the effects of financial risks and opportunities, the importance of companies' informal license to operate, managers' attitudes and company-specific factors.

Keywords Corporate sustainability · contingency approach · corporate social performance · regression analysis · industry comparison

JEL: M14, L22

Dr. Oliver Salzmann (✉)
is Research Associate at IMD's Forum for Corporate Sustainability Management (CSM) in Lausanne, Switzerland. E-Mail: oliver.salzmann@gmx.net.

Prof. Dr. Ulrich Steger (✉)
is Director of IMD's Forum for Corporate Sustainability Management (CSM). E-Mail: steger@imd.ch

Dr. Aileen Ionescu-Somers (✉)
is Deputy Director of IMD's Forum for Corporate Sustainability Management (CSM).
E-Mail: a.ionescu-somers@imd.ch

A. Setting the scene

Companies are subject to the influence of several internal and external factors (such as environmental and social issues and stakeholders' reactions to them or managers' attitudes) when approaching corporate sustainability management (CSM). These factors clearly point to the contingency nature of CSM, which was identified for related concepts such as corporate social responsibility (CSR) and corporate social performance as early as the 1970s (Arlow, Gannon, 1982, p. 235; Carroll, 1979; Sethi, 1975).

Nevertheless, most empirical studies analyzing these determinants either employed large multi-industry samples (Buysse, Verbeke, 2003) or featured sector- (e.g. Sharma, Vredenburg, 1994) or even company-specific (e.g. Winn, 1995) approaches. Exceptions are quantitative analyses carried out by Banerjee et al. (2003) and Henriques and Sadorsky (1996). There are currently no empirical studies that compare the determinants of CSM across several industries through separate regression models. This lack of cross-sector research is primarily caused by the difficulty of generating sufficient sample sizes. We aim to fill this void through the present study with a contingency approach that compares the determinants of CSM of three industry sectors, namely oil and gas, technology, and food and beverage.

B. Corporate sustainability management and its determinants

Contingency theory is based on the fundamental assumption that one single best way to organize or to act does not exist (Galbraith, 1973; Woodward, 1965). Different strands of this theory have emerged – most prominently on leadership (Fiedler, 1964; Hersey, Blanchard, 1969), decision-making (Vroom, Yetton, 1973) and organization design (Shetty, Carlisle, 1972).

The initial broad acceptance of these strands in management literature originates from the concept of matching organizational resources and strategy to environmental context (Ginsberg, Venkatrman, 1985). Later, criticisms about – among other things – contingency theory's deterministic assumption, inaccurate and incomplete conceptualization and its meaningfulness as a theory in the conventional sense emerged (Tosi, Slocum, 1984; Schoonhoven, 1981).

However, its application as an orienting management and research strategy remains valid (Tosi, Slocum, 1984, p. 10) – also in the context of this study. Early empirical studies pointed to the need to examine corporate social performance and responsiveness contingently upon organizational size, relevance of issues, industry characteristics and other factors (Abouzeid, Weaver, 1978; Holmes, 1976; Holmes, 1977; Arlow, Gannon, 1982; Shetty, 1979).

Theoretical foundations only emerged much later: Greening and Gray (1994) presented a model that incorporates institutional pressure, managerial discretion and firm size as the key determinants of corporate issues management structures. Husted (2000) developed an issue-contingent model, arguing that a better fit of corporate strategies and structures with social issues increases social performance. Argaon-Correa and Sharma (2003) integrated a contingency and natural resource-based view as well as literature on dynamic capabilities to propose how the general competitive environment influences the development of dynamic, proactive corporate strategies to manage the business–natural environment interface. We propose a model that includes four determinants of CSM – as a more comprehensive concept than corporate social performance (definition is provided below). We analyze the significance of organizational, managerial and environmental variables in determining companies' inclination to CSM. As already noted, corporate sustainability is contingent on industries, and since it is likely also to be contingent on countries – because of varying regulatory regimes and levels of public awareness and pressure (Aguilera et al., 2006; Salzmann, 2006; Welford, 2005) – we also control for country/region effects.

For the purpose of this study, CSM is defined as a strategic and profit-driven corporate response to environmental and social issues – associated with the organization's primary and secondary activities – *beyond compliance* (Our proposition is that companies are compliant, although this may not apply in all cases). It includes a certain strength of intention to respond to these issues. This intention is referred to as CSM intent in this article. It is also based on a more or less elaborate economic rationale and operationalized through tools, structures and initiatives (Salzmann, 2006, p. 17).

Following Wood's (1991) concept of guiding principles of CSR, we examine the significance of several internal and external determinants of CSM, namely public responsibility, legitimacy, corporate discretion and managerial discretion. Several studies have already touched on this area, including Greening and Gray (1994) Winn (1995), Henriques and Sadorsky (1995), Sharma et al. (1999), Bansal and Roth (2002), Kolk and Levy (2001), Banerjee et al. (2003). We ascertained several gaps in the literature:

The studies focused on identifying drivers of or barriers to concepts related to CSM: issue management structures (Greening, Gray, 1994), environmental policy changes (Winn, 1995), existence of environmental plans (Henriques, Sadorsky, 1996), etc. However, they only incorporate subsets of the determinants covered in this study.

Only very few studies explicitly took account of the contingency nature of their concepts. Rare exceptions are the works of Banerjee et al. (2003) and Henriques and Sadorsky (1996).

The framework of this study adapts Wood's model of corporate social performance. Wood (1991) discusses and synthesizes the works of various authors – most prominently Carroll (1979) and Wartick and Cochran (1985) – and notes several issues in the theoretical literature: First, since the term "performance" refers to actions and outcomes – rather than interactions as proposed by Wartick and Cochran (1985) – the model of corporate social performance requires an additional action component. The result is a process- rather than an outcome-oriented view of social performance. Second, different facets such as stakeholder management and environmental assessment (rather than a single process) need to be considered. Third, Wartick and Cochran's (1985) outcome component, namely policies, needs to be extended to incorporate other dimensions such as programs and policies as well. Fourth, Wood defines corporate social performance as a neutral concept, i.e. it can be both positive and negative in nature. According to Wood (1991, p. 693), corporate social performance is a company's "configuration of principles of social responsibility, processes of social responsiveness, and policies, programs, and observable outcomes as they relate to the firm's societal relationship." It is conceived as a configuration of drivers, processes and outcomes, rather than as an outcome only.

Wood's model (1991, p. 700) incorporates three guiding principles of social responsibility – public responsibility, legitimacy and managerial discretion. These principles are not to be seen as absolute standards, but as "analytical forms to be filled with the content of explicit value preferences that exist within a given cultural or organizational context and that are operationalized through the political and symbolic processes of that context." Overall, it is a classificatory device rather than a theory. Since Wood's contribution, scholars have intensified their efforts on measurement and theoretical developments (Collins, Starik, 1995; Griffin, Mahon, 1997; Greening, Gray, 1994; Griffin, 2000; Swanson, 1999; Wood, Jones, 1995). However, as Carroll (1999, p. 292) also stated, no distinct frameworks emerged and are unlikely to do so in the future.

We advocate several modifications to Wood's (1991) model:

First, an explicit differentiation between social and environmental issues is needed. Models of corporate social performance in general and Wood's (1991, p. 708) in particular focus on the short-term social impacts of corporate behavior (factory disasters, illegal payments, etc). We could argue that all environmental issues are – essentially – also social in nature. However, an explicit emphasis on social impacts decreases the necessary sensitivity to the purely environmental, i.e. biophysical, constraints to economic activities (Starik, Rands, 1995, p. 909).

Second, it is important to differentiate between the role of the individual *manager* who exercises his or her discretionary power when assessing and evaluating the significance of environmental and social issues and possible courses of action, and the discretionary influence of the *company* as a whole. Wood's (1991, p. 700) principle of managerial discretion focuses on the "options and opportunities available to individual actors within *their organizational and institutional contexts*." Griffin (2000, p. 485) also argues that companies influence "how managers perceive, interpret and translate external pressures into actionable items," depending on their personal attitude and expertise. Hence, we distinguish between two internal determinants of CSM, namely managerial discretion and corporate discretion. We define corporate discretion as a company's resources to proactively deal with its social and environmental issues through appropriate structures (e.g. allocation of responsibilities), processes (stakeholder and issues management, management training) and corporate cultures, and thus to enable the proactive behavior of its managers.

Third, a distinction between a business case and a moral case for corporate sustainability, i.e. for improving corporate social performance appears meaningful. Models of corporate social performance do not explicitly mention the economic rationale for processes of social responsiveness (Wood, 1991). However, the importance of economic rationale is implicit (Carroll, 1979, p. 500; Wilson, 2003, p. 4) and linked in particular to Wood's principle of legitimacy: A company's failure to use its power responsibly is likely to result in a revocation of or amendments to its license to operate, which has clear implications for its bottom line. In the present study, we focus on the economic ("it makes business sense") rather than the moral ("it is the right thing to do") rationale for corporate sustainability. As conceived in this study's framework, we do not see economic rationale as an additional guiding principle – in Wood's (1991) sense of the word. It is an implicit determinant of CSM, since it depends on the significance of the underlying issues (the principle of public responsibility), pressure from stakeholders to resolve or mitigate those

Tab. 1. Systemization of drivers and guiding principles

Drivers	Guiding principle – based on Wood (1991)	Focus
External	Public responsibility	Significance of issues associated with companies' primary and secondary activities
	Legitimacy	Risk premium associated with informal license to operate
Internal	Managerial discretion	Managerial attitudes (hard-nosed, proactive)
	Corporate discretion	Company-specific factors (e.g. culture, structures)

issues (the principle of legitimacy) as well as managerial and corporate factors that determine how external drivers and barriers are interpreted.

Our framework expands Wood's (1991) model of corporate social performance by explicitly taking into account four guiding principles, namely public responsibility, legitimacy, managerial discretion and corporate discretion.

C. Hypotheses

I. Financial risks and opportunities of social and environmental issues

Companies' primary or secondary corporate activities are typically associated with some social or environmental impacts that differ across industries (e.g. CO_2 and nitrogen emissions in the oil and gas sector and food and beverage sector, respectively). This impact could trigger a sustainability issue such as climate change or eutrophication. The severity of the issue depends on local, regional or global biophysical and social conditions. However, its entire scope is not necessarily visible: Some issues are more transparent, i.e. more easily attributable to the corporate activity, and certain (since measurable) than others (Bansal, Roth, 2000). In the case of climate change, the transparency is relatively high in some countries (e.g. through internal or external accounting and trading systems for CO_2 emissions) and the certainty is limited, as the potential effects of climate change are complex, global and long term.

The visible issue triggers pressure from internal and external stakeholders. Among other things, the pressure depends on the organizational visibility of the company or business unit (Bowen, 2000, p. 100) and the local, regional or global limit of legitimacy that corresponds to the issue under consideration. The limit of legitimacy refers to the degree of issue visibility and organizational visibility at which stakeholders attempt to amend or revoke a company's current license to operate. Revoking and/or amending the license to operate can present a company with financial risks and opportunities. Companies combine two basic principles of social responsibility put forward in the business and society literature: (1) the principle of public responsibility, according to which companies are responsible for the effect of their primary and secondary activities, and (2) the principle of legitimacy that refers to society's role in granting or revoking legitimacy and power to business and its activities (Wood, 1991, p. 695). These activities differ greatly between individual industry sectors, as do the characteristics of the resulting issues and the corresponding risks and opportunities. Hence, issues are at the root of CSM's contingency nature (Salzmann, 2006, p. 98).

Hypothesis 1: The more clearly a company perceives the financial risks and opportunities associated with social or environmental issues, the greater is its intention to integrate them into business strategies and operations.

II. Importance of the informal license to operate

As discussed previously, the financial risks and opportunities associated with social and environmental issues represent a determinant of CSM that has a stakeholder component. However, it is meaningful to consider an additional stakeholder-related parameter that conceptualizes the financial premium associated with a company's informal license to operate. We define the informal license to operate as the level of legitimacy granted to the company by non-regulatory stakeholders such as capital markets, NGOs and customers. In contrast to the formal license to operate, it incorporates several intangible concepts such as brand value, reputation and employee satisfaction.

These concepts constitute significant moderating factors of CSM for the following reasons. First, as every company relies on a formal license to operate, a greater importance of the informal license to operate through, e.g. highly vulnerable brands, is associated with a risk premium (Steger, 2003). Second, legislative processes are relatively slow compared with possible ad hoc reactions from customers, NGOs or employees, which can have a more immediate effect on a company's informal license to operate, e.g. brand damage due to consumer protests, discontinued operations through strikes (Steger, 2003, p. 73). Third, globalization is increasingly limiting the power of national governments and regulators, and thus the relative importance of the informal license to operate is increasing (Beck, 2000; Steger, 2003).

Hypothesis 2: The more important a company considers its informal license to operate, the greater is its intention to integrate social or environmental issues into business strategies and operations.

III. Company-specific factors

Company-specific factors determine how strongly companies exercise their discretionary powers when reacting to demands from stakeholders. Companies have the potential and responsibility to provide an adequate organizational and institutional context for the mindset and activities of its employees through, for example, corporate cultures, objectives and policies (Bommer et al., 1987, p. 271; Davis, 1960, p. 700; Wood, 1991). Furthermore, the effect of corporate structures should not be ignored: Fredrickson (1986) suggested that – in addition to the undisputed "structure follows strategy" – structure has a significant effect on strategy, particularly when strategy is not sufficiently institutionalized (p. 295). This is likely to be particularly relevant to CSM if – as is often the case – it lacks institutionalization and integration into business strategies.

Several empirical studies have confirmed the importance of corporate discretion. Henriques and Sadorsky (1995) tested and to some extent confirmed firms' financial positions and investments in human resources as determinants of environmental responsiveness under the explicit label of "managerial discretion." Other authors ascertained the role of corporate structures (Lawrence, Morell, 1995), corporate tools (Kolk, Levy, 2001) and corporate culture (Cruz Deniz-Deniz, Garcia-Falcon, 2002) as influencing individual dimensions of CSM such as climate change strategies, emission reductions and social programs.

Hypothesis 3: The greater the corporate discretion a company exhibits, the greater is its intention to integrate social or environmental issues into business strategies and operations.

IV. Managers' attitudes

Job descriptions, corporate procedures and corporate cultures leave managers significant room to act more or less responsibly as individuals. Individual decisions are determined by several factors such as personal attitudes and values that may vary due to different cultural backgrounds, levels of experience and so on (Wood, 1991, p. 700). As Dutton et al. (1983) state in their framework on strategic issue diagnosis, managers have a significant impact on how issues are organized and explored, i.e. on developments that precede the actual managerial decision, through their cognitive maps and political interests (pp. 10). In the absence of a theoretical principle of socially responsible human action, Wood (1991) formulated the principle of managerial discretion, according to which individual managers have the right and responsibility to act responsibly "within a given economic, legal and ethical framework" (p. 698). The importance of managerial discretion has been empirically confirmed by various authors (Andersson, Bateman, 2000; Bansal, Roth, 2000; Egri, Herman, 2000; Morris et al., 1990; Winn, 1995).

Hypothesis 4: The more proactive managers' attitudes are, the greater is their company's intention to integrate social or environmental issues into business strategies and operations.

D. Methods

I. Sampling and data collection

The study targeted general managers, rather than environmental or sustainability experts and "catalysts" in these companies, to assess the perceptions of a population that tends to be less aware of social and environmental issues and more strongly focused on day-to-day business decisions. Thus a survey of this population also allows for a realistic and representative view of companies' approaches to CSM.

The authors selected three out of nine industry sectors surveyed in a recent research project carried out at IMD's Forum for Corporate Sustainability Management. The sectors chosen for the project have considerable direct social and environmental footprints, the exception being the financial industry, which we chose because of its potential role as a catalyst. The selection of sectors largely implied a focus on large and often global companies rather than small and medium-sized enterprises (SMEs). This focus was also obvious, as large corporations constitute more compelling research objects: They (1) have a wider range of activities and more resources than SMEs, and (2) are under significantly more scrutiny from external stakeholders demanding that responsibility comes with power (Davis, 1960, p. 314). Moreover, through our emphasis on large corporations, we were able to benefit from direct access to respondents in IMD, which – as an international business school – focuses on hosting management education programs for managers from global firms. We relied on this form of convenience sampling to collect enough data for a meaningful comparative study.

The sampling process followed a multi-pronged approach: In addition to distributing the self-completion questionnaire at IMD programs, we identified all major players in the individual sectors through online databases and then e-mailed the questionnaire to established contacts for further distribution in their companies. We also used a web-based version of the questionnaire and additional mailings to collect further data, and finally reached sector-specific sample sizes of 120 (oil and gas), 162 (technology), and 116 (food and beverage), giving a total of 398 observations. In all sectors, samples were biased toward North America, Europe and developed Asia. This dominance of industrialized countries was intentional, since they account for the major share of social and environmental effects globally.

II. Dependent variable measures

CSM intent represents the study's dependent variable. Examples of earlier operationalizations of this concept or similar variables are rare. Only two studies have featured a comparable approach and dependent variable: Henriques and Sadorsky (1995) questioned respondents about the existence of a corporate environmental plan or policy. Banerjee et al. (2003) operationalized corporate environmental strategies through seven items that measured, on a seven-point Likert scale ranging from 1 = "strongly disagree" to 7 = "strongly agree," the extent to which the natural environment was integrated into strategic planning processes

We used three variables to measure companies' CSM intent (see Table 2). The scales were, as all scales used in our study, equidistant and not numbered.

The factor analysis (using the principal components factor method) revealed a low communality of importance of SD, hence we omitted it from the factor CSM intent. We

Tab. 2. Operationalization of CSM intent

Variable	Question	Scale
Familiarity with SD	How familiar is your company with the concept of Sustainable Development (also known as Corporate Social Responsibility in the US), which calls for integrating environmental and social criteria into business strategies and operations?	1, not at all; 2, a little; 3, fairly; 4, familiar; 5, very familiar
Importance of SD	How do you think the concept of Sustainable Development will develop in terms of importance within your company?	1, decreasing; 2, remain unchanged; 3 increasing
Level of SD integration	How much does your company aim to integrate environmental and social criteria into its business strategies and operations?	1, not at all; 2, a little; 3, fairly; 4, much; 5, very much

scored the factor CSM intent from the two remaining variables – familiarity with SD and level of SD integration. Both positively load onto the factor CSM intent (both loadings amount to 0.56).

III. Independent variable measures

1. Financial risks and opportunities

Two five-point Likert scales assessed managers' perceptions of how strongly environmental and social issues respectively affected their business unit/function (1, not at all; 2, a little; 3, more or less; 4, much; 5, very much). This operationalization "bundles" the demands of the companies' different stakeholders on the two issue dimensions: Their demands focus on one or several issues and may reveal themselves in many different ways, e.g. consumer boycotts, increasing demand for environmentally friendly products. Depending on how significant the respondents consider the financial implications of such demands, they will rate the strength of the effect of social and environmental issues higher or lower on the scale.

2. Importance of the informal license to operate

We assessed the scale of the financial premium associated with companies' informal license to operate through a five-point Likert scale that assessed respondents' perception of the importance of brand value and reputation to their company (1, not at all; 2, a little; 3, more or less; 4, much; 5, very much). The premium results from a possible swift amendment to or revocation of the current license through boycott campaigns, NGO campaigns or selling of shares.

3. Company-specific factors

We measured the role of company-specific determinants through a multiple-response question assessing the use of the following tools to achieve a strategic redirection toward CSM: Tools increasing transparency through the measurement of material and waste flows; tools measuring resource allocation; strategic planning and accounting procedures that take account of environmental and social issues; corporate values, policies and standards; incentive tools; management development; coordination committee's discussing and pushing strategic decisions at corporate level; business teams, task forces to resolve conflicts and push environmental and social improvements on an operational level.

Adopting a systemization developed by Doz and Prahalad (1988, p. 76), we categorized the tools into (1) data (management) tools providing managers with relevant information, (2) (managers') management tools shaping managers' expectations and perceptions, and (3) conflict resolution tools reallocating responsibilities and building consensus within the organization (see Table 3).

Doz and Prahalad (1988) used this systemization to empirically investigate processes of strategic redirection: They found that (1) (managers') management tools were employed throughout the change process, (2) data management tools early in the process,

Tab. 3. Systemization of tools

Data tools	Management tools	Conflict resolution tools
• Measurement tools to increase transparency (e.g. measuring material and waste flows). • Tools measuring resource allocation (e.g. environmental expenses). • Strategic planning and accounting procedures that take account of environmental and social issues (e.g. scenario-planning, full cost accounting).	• Corporate values, policies and standards that take account of environmental and social issues. • Reward and punishment systems. • Management development (e.g. environmental training courses).	• Coordination committees discussing and pushing strategic decisions at the corporate level. • Business teams resolving conflicts and pushing environmental and social improvements on an operational level.

and (3) conflict management tools in the middle of the process. To be able to assess companies' stages in their process of strategic redirection to CSM, we measured the use of tools through a simple mean count for the three categories.

4. Managers' attitudes

We measured respondents' attitudes to CSM through their level of agreement to four statements (see Table 4). Respondents indicated their level of agreement on a five-point Likert scale (1, not at all; 2, a little; 3, more or less; 4, much; 5, very much).

Tab. 4. Statements to assess managers' attitudes towards CSM

Hard-nosed (reactive)	The business of business is business. So companies should comply with the law, but going beyond the law would only sacrifice profits.
↓	Profit always comes first for companies. There are win-win situations in which companies can achieve financial, environmental and social goals at the same time. In these situations, it makes sense for companies to go beyond what the law requires.
	Companies should consider social and environmental issues/expectations and try to actively integrate them into their strategies because, by doing so, they gain long-term competitive advantage.
Proactive	As part of their role in the "global society," companies should engage in social and environmental initiatives, even if long-term competitive advantage cannot be proven.

We estimated and scored two orthogonal principal component factors from the four items. Item 1 has a high negative factor loading (-0.70) on factor 1 ("win-win" attitude), item 2 a high positive loading (0.94) on factor 2 ("proactive attitude"). Items 3 and 4 also strongly load onto factor 1 – with factor loadings of 0.81 and 0.74 respectively.

IV. Analyses

We employed analyses of variance (ANOVAs) to examine mean differences between the sectors. Moreover, we used regression analysis to assess the effects of the independent variables on CSM intent. We used the statistical software Stata 8.2, and employed dummy variables to control for region effects. We also employed a rather conservative approach to interpreting regression results, as we only interpret the statistical significance of the coefficients and their signs, i.e. we discuss the statistical existence of the effects and their direction, we do not compare their strengths.

Tests for normality revealed that all variables/factors had non-normal distribution: all were "peaked" (positive kurtosis) and skewed. Transformation (logarithm and square root function) to generate normally distributed variables had little effect. Also in light of concerns expressed with regard to data transformation (Hair et al., 1998), we decided to use the non-transformed values in our analysis. We employed OLS regression including comprehensive regression diagnostics.

Although we use various company-specific variables in our regression models, multicollinearity appears to be a minor problem – with the maximum individual VIF amounting to 2.14 (only two VIFs were greater than 2) and the mean VIF values between 1.28 and 1.45. The Breusch-Pagan/Cook-Weisberg test only pointed to a problem with heteroskedasticity in the all sectors model. Smirnov-Kolmogorov tests revealed non-normality of residuals only for the oil and gas model. Furthermore, we analyzed the share and influence of outliers by analyzing the standardized residuals and Cook's D. We ascertained that outlier influence does not justify exclusion of the values under consideration. We validated these results by analyzing various diagnostic plots (residuals vs. predictor, residuals vs. fitted values, and added variable plots).

To further underpin the results of our regression models, we also compared OLS results with three other regression methods.

Stata 8.2 provides a "robust" option with OLS regression using the Huber/White/sandwich estimator to compensate for heteroskedasticity. It also enables us to compensate for the effects of influential outliers by using its rregress command. A robust regression based on weighted least squares – using two Huber weights and biweights. It enabled us to deal with data points that are moderate outliers and thus violate the assumptions of an OLS regression. Ordered probit (ordinal regression) provides the most conservative benchmark for the OLS model, as it treats the dependent variables as ordinal rather than interval. Across all four methods, our results are very congruent, which points to the robustness of our model.

Since controlling for individual country effects would have led to significant constraints in the degrees of freedom, we grouped countries into regions and controlled for region effects: Mid-Northern Europe (used as the reference group in the regression model), Nordic countries, North America, Latin Europe, emerging economies (in South America, Asia and Europe) and other countries.

E. Results

Table 5 shows that the mean differences between the three industries are statistically significant at a 1% level for all measures. However, it should be noted that since the analysis of variance is based on an equal variance assumption, low Bartlett's Ps cast some doubt on the ANOVA F results on the informal license to operate and managers' attitudes.

Tab. 5. Analysis of Variance for Interval Variables

Measures	Bartlett's P	Oil & gas		Technology		Food & beverage	
		Mean	s.d.	Mean	s.d.	Mean	s.d.
CSM intent**	0.26	0.41	0.84	-0.44	0.83	0.41	0.94
Social issues**	0.14	3.32	0.99	2.67	0.89	3.45	1.04
Environmental issues**	0.71	3.77	1.22	2.70	1.14	3.35	1.18
Informal license to operate*	0.00	4.41	0.82	4.44	0.75	4.78	0.54
Data tools**	0.36	0.55	0.33	0.28	0.29	0.46	0.31
Management tools**	0.49	0.55	.26	0.35	0.25	0.48	0.24
Conflict resolution tools**	0.06	0.47	0.38	0.24	0.32	0.39	0.39
Proactive attitude**	0.27	0.10	0.93	-0.30	0.91	0.30	0.81
Win-win attitude†	0.67	0.078	1.02	-0.18	0.97	-0.02	0.94

† $p = .10$
* $p = .05$
** $p = .01$

Companies' intention to integrate social or environmental issues into business strategies and operations is strongest in the oil and gas, and food and beverage sectors, weakest in the technology sector.

Environmental issues are most significant in the oil and gas sector, followed by the food and beverage and the technology sectors. Social issues are most significant in the food and beverage sector, followed by the oil and gas and the technology sectors. With regard to the relative significance of environmental and social issues, we ascertain that in the oil and gas and the technology sectors, environmental issues are more significant, whereas in the food and beverage sector social issues are more significant.

The importance of the informal license to operate is greatest in the food and beverage sector, followed by the technology and the oil and gas sectors.

In terms of the industries' use of tools, we found a consistently more frequent use of tools in the oil and gas sector, followed by the food and beverage and the technology sectors. With regard to the relative use of tools, we see that management tools are most frequently used, followed by data tools and conflict resolution tools. Only in the oil and gas sector is there an equal split between the two dominant tools (data and management tools).

Finally, managers' attitudes are most proactive in the food and beverage sector, followed by the oil and gas and the technology sectors. Differences in terms of managers' win-win attitude are smaller but still significant at a 10% level. The win-win attitude is strongest in the oil and gas sector and weakest in the technology sector.

Table 6 provides the results of OLS regression analysis. When the data for each sector were pooled, all independent variables except the win-win attitude and the region effect of North America were statistically significant. The sector-specific models clearly differ in terms of the statistical significance of the coefficients:

In the oil and gas model, CSM intent is positively affected by social issue significance, the importance of the informal license to operate and managers' proactive attitudes. Fur-

Tab. 6. Results of OLS regression for Companies' CSM intent – controlling for region effects

Independent variable	All sectors	Oil & gas	Technology	Food & beverage
Social issues	0.186**	0.212**	0.225*	0.004
Environmental issues	0.072†	-0.041	0.038	0.266**
Informal license to operate	0.176**	0.228**	0.200*	-0.045
Data tools	0.373*	0.224	0.553*	-0.052
Management tools	0.566**	0.253	0.370	0.877*
Conflict resolution tools	0.324*	0.293	0.377	0.241
Proactive attitude	0.238**	0.178*	0.292**	0.126
Win-win attitude	0.012	0.038	-0.566	-0.023
Nordic countries	-0.102	-0.219	-0.047	-0.166
North America	-0.281*	-0.501*	-0.476†	-0.515
Latin Europe	0.025	-0.187	0.102	0.281
Emerging regions	-0.167	-0.639*	0.964	-0.556†
Other countries	-0.157	-0.155	-0.247	-0.134
Constant	-1.963**	-1.26	-2.240	-0.827
N (listwise deletion)	299	106	117	76
F	16.64	6.25	5.30	2.26
Prob > F	0.0000	0.0000	0.0000	0.0166
R^2	0.4315	0.4690	0.4010	0.3216
Adjusted R^2	0.4056	0.3940	0.3254	0.1793

† $p = .10$
* $p = .05$
** $p = .01$

thermore, respondents operating in North America and emerging regions reported lower CSM intent than their Mid-Northern European counterparts.

In the technology model, CSM intent is driven by social issue significance, the importance of the informal license to operate, data tools and managers' proactive attitudes. The model also exhibits a statistically significant and negative region effect for North America – similar to the oil and gas model.

Finally, in the food and beverage model, CSM intent is increased by environmental issue significance and management tools. Respondents operating in emerging regions report lower CSM intent than those operating in Mid-Northern European regions.

F. Discussion

I. Major findings

We were able to demonstrate the importance of the hypothesized determinants of CSM intent through our data. Furthermore, the study illustrates the contingent nature of CSM, being sector- and country-specific in particular: The effects of the hypothesized determinants clearly differ in terms of significance between the industry sectors surveyed.

The statistical significance of some region effect – namely North America and emerging regions – is very plausible. We conclude that this negative North American bias – relative to Mid-Northern Europe – partly reflects the reactive attitude of the US administration, a strong focus on competitiveness and the free-market economy (in fact corporate sustainability is not an often-used term) and weaker public awareness and pressure, in particular in terms of issues such as climate change (Hovi et al., 2003; Skjaerseth, Skodvin, 2001).

The negative effect of emerging economies is not surprising. In countries such as Argentina, Poland, China and Vietnam, companies are more at the beginning of a learning curve for CSM, which – as a new and still largely unfamiliar paradigm – is less important than growth and competitiveness.

1. Financial risks and opportunities

It is plausible that social or environmental issue significance is greater in the oil and gas and food and beverage sectors. The oil and gas sector as a whole has constantly been under intense public scrutiny for its association with issues like climate change, oil spills, human rights, etc. The same applies to the food and beverage sector, which has been in the headlines due to food safety risks (e.g. mad cow's disease) and obesity. The lower social or environmental issue significance in the technology sector reflects the lower visibility of these issues (take-back, eco-efficient products) and few direct implications for consumers/customers in general (e.g. compared to significant food safety risks).

Financial risks and opportunities associated with social and environmental issues represent a significant determinant of CSM. Interestingly, it is – in all sector-specific models – the less important issue dimension that has a statistically significant effect on CSM intent: In the oil and gas and the technology sectors, social risks and opportunities drive CSM, in the food and beverage sector, environmental risks and opportunities significantly influence CSM.

We conclude that sustainability leaders, i.e. companies with strong CSM intent, have broadened their perspective on CSM beyond the typical and obvious issue dimension of their sector.

The positive effect of social issues in the oil and gas sector model suggests that only companies that have recognized the financial stakes associated with their operations in developing countries are inclined to a more distinct approach to CSM: These companies have apparently recognized the increasing pressure from public pressure groups, employees and the financial community to address issues such as human rights violations (Anonymous, 2002; Dias, 2003), lack of local infrastructures and unfair allocation of oil revenues as well as corruption (Beattie, 2002; Fritz, 2003; Salzmann, 2006).

Findings in the technology sector are parallel. The significance of social – not environmental – issues has a positive effect on CSM intent. Obviously, leading companies look beyond the "typical" and (currently even more important) environmental issues of eco-efficiency, take-back, packaging, etc. They have adopted a more holistic approach to CSM, which is driven by greater awareness of supply chain issues such as health and safety risks, child labor, forced labor and minimum wages (Bourgeois, 2003).

The food and beverage data behave exactly the opposite way to the oil and gas and technology data. In this sector, social issues such as occupational and, especially, product-related health risks (in particular obesity) are more obvious and situated "within the factory gates." However, only companies with greater CSM intent recognize the financial stakes related to more far-reaching but still emerging environmental issues such as resource depletion (e.g. overfishing) and access to water (Ionescu-Somers, 2006).

2. Importance of the informal license to operate

Cross-sector differences in the importance of the informal license to operate show the relatively high importance of brand and reputation in the food and beverage sector. This result particularly reflects the strong role of branding as a means of product differentiation (e.g. through so-called lifestyle brands) in this sector.

The effect of the informal license to operate is only statistically significant in two sector-specific models, namely oil and gas and technology. We offer the following explanations:

Oil and gas companies are under considerable scrutiny from non-regulatory stakeholders. The activities of public pressure groups (human rights lawsuits, boycott campaigns) and, increasingly, the financial community (e.g. Equator Principles, the World Bank's Operational Policies and Directives) have clearly raised the financial stakes (Salzmann, 2006, p. 100f).

Technology companies have business-to-business and/or business-to-consumer relationships. Their exposure can be significant and increases with size, brand recognition and proximity to the consumer (Anonymous, 1996; Steger, 2003).

In the food and beverage sector, several companies, including Coca-Cola, Nestlé and Chiquita, have suffered significant losses to their brands and reputation as a result of insufficient product quality and labor conditions in developing countries in the past (Ionescu-Somers, 2006; Steger, 2003). Hence, awareness of threats to their informal license to operate could be expected to have a similar impact on CSM intent as in the two other sectors. We attribute its lack of significance to the following (complementary) reasons: First, the sample size is smaller than in the other two models, which limits degrees of freedom. Second, the food and beverage sector's approach to branding is less consistent than in the other two sectors. Whereas some companies such as Nestlé and Coca-Cola strongly link their company names to their products and brands, others are hardly visible to the consumer. This is likely to significantly weaken our hypothesized relationship between brand and reputation on the one hand and CSM intent on the other (Ionescu-Somers, 2006).

3. Company-specific factors

Our evidence on the role of corporate discretion points to several differences across the sectors surveyed. Our data suggest that the oil and gas sector is best equipped with tools, followed by the food and beverage and the technology sectors. These levels of corporate discretion are roughly in line with the cross-sector differences discussed above: The two sectors exhibiting greater CSM intent and social or environmental issue significance, namely oil and gas and food and beverage, also report greater corporate discretion.

A comparison of the relative use of tools reveals that overall management tools are most frequently used, followed by data tools and conflict resolution tools. We conclude:

The strong reliance on management tools is plausible in a process of strategic redirection that is impeded by great complexity. The plethora of issues companies face on a daily basis tends to overwhelm data management. Hence, management education and corporate values (incentive systems come in at a later stage) are effective, in particular when data tools are yet to be developed.

Data tools are (still) more frequently used than conflict resolution tools. This suggests that – based on Doz and Prahalad's (1988) systemization and research – all sectors surveyed are still at the beginning of strategic redirection. This finding is underpinned by the fact that conflict resolution tools do not attain statistical significance in any of the sector-specific models.

None of the tools has a statistically significant effect on CSM in the oil and gas sector – in contrast to the two other sectors. It is unlikely that a relatively high level of corporate discretion or CSM intent (as found in the oil and gas sector) makes other factors such as managerial discretion more significant, as this would contradict the fact that management tools have a statistically significant effect on CSM in the food and beverage sector (which exhibits similarly high levels of corporate discretion and CSM intent). Hence we suggest that the effect of corporate discretion is subdued by region effects, which are – as the model shows – stronger in the oil and gas than in the food and beverage sector. It is also likely that the effect of corporate discretion (also in its impact on managerial discretion) is contingent on the sector under consideration and its business models in particular. Its insignificant effect in the oil and gas model could be due to great differences in the business models between upstream (extraction and production) and downstream (refining and marketing) activities. In this context, business models in the other two sectors may exhibit less variation – in technology companies despite the greater heterogeneity of products and services.

The technology and the food and beverage models show different effects of corporate discretion. In technology companies CSM appears to be driven by data tools, in food and beverage companies by management tools. We draw the following conclusions:

Management tools changing managers' perceptions (of issues) and expectations are more effective in food and beverage companies, since managers tend to face a clearly more complex supply chain, which would overburden a classical data-driven approach.

The significance of data tools in technology companies is in line with Doz and Prahalad's (1988) finding that data management is primarily used in the early phase of strategic redirection (also underpinned by the sector's relatively weak CSM intent).

4. Managers' attitudes

The mean differences we detected in attitudes suggest that the food and beverage sector has managers with the most proactive attitudes (followed by oil and gas and then technology managers); the oil and gas sector has managers with the strongest win-win attitude (followed by their counterparts in the food and beverage and the technology sectors).

Regression results show that managers' proactive attitudes have a statistically significant and positive effect on CSM intent in the oil and gas and the technology sector, but not in the food and beverage sector.

There are the following explanations:

Managers in the food and beverage sector tend to overstate their proactive attitudes, which would reflect that food and beverage companies have – compared with the two other sectors – only more recently come under greater scrutiny from regulators and the public (due to food scandals, rising health costs, etc.).

Corporate discretion is the more dominant factor in the food and beverage sector. This could point to the varying relative significance of managerial and corporate discretion – depending on a sector's key characteristics such as level of integration and geographical dispersion, stage of strategic redirection, etc. We see this as an interesting opportunity for future research.

The lack of significance could also be partly attributed to constraints in the degrees of freedom.

We can also see that a more hard-nosed attitude focusing on finding win-win situations has no effect in any of the models. The strongest win-win attitude in the oil and gas sector seems plausible, since – given its record of being scrutinized for its environmental and social effects in particular – it has a more mature approach to corporate sustainability, which acknowledges the possibility of a synergistic relationship between financial and social/environmental performance.

Overall, our results clearly illustrate that (only) individuals who use their managerial discretion to decide on a corporate sustainability initiative, even if the business case is more elusive and long term, are able to drive CSM on a more strategic level.

II. Limitations

In conclusion, we would like to highlight several limitations of our study: First, one should be careful when generalizing the results. It is likely that our data are positively biased for two main reasons: (1) the sampling was largely based on self-selection, and (2) the research topic is somewhat value-laden and thus likely to be associated with social desirability bias. Unfortunately, our multi-pronged approach to the data collection (particularly the use of the online questionnaire), which was necessary to obtain adequate sample sizes for our comparative study, makes an examination of non-responses impossible. Furthermore, it is likely – in light of the convenience sampling employed (also at IMD) – that our respondents are more sensitive to the research topic than the "average" manager.

Second, our study only differentiates between issue dimensions, not between single issues. Considering the variety of different issues that can be associated with the primary and secondary activities of companies, our operationalization of the risk and opportunities is rather blurred. A finer distinction between issues (e.g. kind and time scale) or a focus on one particular issue is likely to increase the explanatory power of the regression models. However, in a cross-industry study this poses the challenge of generating a list of issues that is valid across all industries surveyed.

Third, the limited sample size in some sectors leads to constraints in the degrees of freedom, which affected the stringency of our sector comparison. It also prevented us from taking into account further company-specific determinants of CSM intent, e.g. corporate culture.

III. Implications

Our study has shown the meaningfulness of taking a sector-specific perspective on CSM. It points to four determinants of CSM: The financial significance of social and environmental issues, the financial premium of companies' informal license to operate, managers' attitudes and company-specific factors.

It has shown that a separate but simultaneous consideration of the social and environmental dimension is worthwhile: Each of them can differ in terms of significance between industry sectors. We were also able to expand Wood's (1991) model of corporate social performance by a fourth determinant that drives CSM. This factor, which we refer to as corporate discretion, results from the effect of corporate characteristics such as tools and processes that provide managers with a set of choices from which they can then exercise their individual discretionary power.

From both a scholarly and a practical point of view, we have come across a complementary research question concerning the relative significance of corporate and managerial discretion across different sectors and their stages of strategic redirection toward corporate sustainability:

It is plausible that an early stage of redirection requires more corporate discretion (and a different kind) than later stages, since there is greater need to guide managers when they exercise their managerial discretion.

It is also possible that corporate discretion is more important in more "difficult" sectors, e.g. hard-nosed sectors (banking), engineering-based sectors (oil and gas, technology) since managers' mindset tend to deflect unknown and softer issues.

As marginal as one might consider financial risks and opportunities associated with social and environmental issues to be – compared with mainstream business issues – we were able to show that they appear to drive companies' intentions to alter business strategies and operations. This shows that we can expect more committed and distinct engagement from companies when, in the mid- to long-term, the relevance of issues to their core business increases: In the oil and gas and the technology sectors, climate change will most likely play an increasing role in the future; the same applies to the financial sector and insurance firms in particular. In the food and beverage sector, overfishing is already leading to changes in business models in some cases, and in the future, the need for more sustainable agricultural access to fresh water will most certainly have a significant impact.

Managers' attitudes are particularly relevant, since the complexity of issues cannot be fully captured through standard procedures and tools. Hence individuals' expertise and knowledge are needed to identify and evaluate issues and the financial risks and opportunities associated with them. This insight points to the importance of management development in the area of CSM.

There are several other practical implications for CSM. It has various contingencies, most importantly industry characteristics and regulatory and public regimes in countries of operation. Leadership in this area requires a proactive approach, going beyond an industry's traditional issues and embracing new emerging environmental or social problems. The significance of brand value and reputation is a distinctive factor since well-recognized consumer brands are particularly vulnerable to media and NGO campaigns.

Finally, both corporate and managerial discretion are the determinants of CSM that can be most easily controlled by management, through the design and implementation of adequate structures and processes and the recruitment of managers who – when in doubt – do the right thing.

References

Abouzeid, K.M. and Weaver, C.N.: 1978, "Social Responsibility in the Corporate Goal Hierarchy", Business Horizons 21(3), 29.
Aguilera, R.V. and Williams, C.A. et al.: 2006, "Corporate Governance and Social Responsibility: A Comparative Analysis of the UK and the US", Corporate Governance: An International Review 14(3), 147–158.
Andersson, L.M. and Bateman, T.S.: 2000, "Individual Environmental Initiative: Championing Natural Environmental Issues in US Business Organizations", Academy of Management Journal 43(4), 548–570.
Anonymous: 2002, "Menschenrechte - Ölkonzerne Wollen Lernen", Wirtschaftswoche (15), 17.
Anonymous: 1996, „Bakun Hydroelectric power project clashes with ABB's environmental profile", Svenska Dagbladet (18 July 1996), 1
Argaon-Correa, J.A. and Sharma, S.: 2003, „A Contingent Resource-Based View of Proactive Corporate Environmental Strategy", Academy of Management Review 28(1), 71–88.
Arlow, P. and Gannon, M.: 1982, „Social Responsiveness, Corporate Structure, and Economic Performance", The Academy of Management Review 7(2), 235–241.
Banerjee, S.B. and Iyer, E.S. et al.: 2003, „Corporate Environmentalism: Antecedents and Influence of Industry Type", Journal of Marketing 67(April), 106–122.
Bansal, P. and Roth, K.: 2000, „Why Companies Go Green: A Model of Ecological Responsiveness", Academy of Management Journal 42(4), 717–736.
Beattie, A.: 2002, "World Bank Attacks Own African Oil Project", Financial Times (18 August 2002), 4.
Beck, U.: 2000, What is Globalization? (Cambridge, UK, Polity Press).
Bommer, M. and Gratto, C. et al.: 1987, "A Behavioral Model of Ethical and Unethical Decision Making", Journal of Business Ethics 6(4), 265–280.
Bourgeois, H.: 2003, "The Business Case for Sustainability: Technology Industry Sector Report" (Lausanne, International Institute for Management Development).
Bowen, F.E.: 2000, "Environmental Visibility: A Trigger of Green Organizational Response?" Business Strategy and the Environment 9(2), 92–107.
Buysse, K. and Verbeke, A.: 2003, "Proactive Environmental Strategies: A Stakeholder Management Perspective", Strategic Management Journal 24(5), 453–470.
Carroll, A.B.: 1979, "A Three Dimensional Model of Corporate Performance", Academy of Management Review 4(4), 497–505.
Carroll, A.B.: 1999, "Corporate Social Responsibility: Evolution of a Definitional Construct", Business and Society 38(3), 268–295.
Collins, D. and Starik, M. (eds.): 1995, Research in Corporate Social Performance and Policy - Sustaining the Natural Environment, (Greenwich, JAI Press).
Cruz Deniz-Deniz, Maria de la and Garcia-Falcon, J.M.: 2002, "Determinants of the Multinationals' Social Response. Empirical Application to International Companies Operating in Spain", Journal of Business Ethics 38, 339–370.
Davis, K.: 1960, "Can Business Afford to Ignore Social Responsibilities?" California Management Review 2(3), 70–76.
Dias, A.: 2003, "Oil and Human Rights", Oil, Gas & Energy Law Intelligence 1(2).
Doz, Y.L. and Prahalad, C.K.: 1988, "A Process Model of Strategic Redirection in Large Complex Firms: The Case of Multinational Corporations", in A.M. Pettigrew (ed.), The Management of Strategic Change, (Oxford, Basil Blackwell), 63–88.
Dutton, J.E. and Fahey, L. et al.: 1983, "Toward Understanding Strategic Issue Diagnosis", Strategic Management Journal 4 (4), 307–323.
Egri, C.P. and Herman, S.: 2000, "Leadership in the North American Environmental Sector: Values, Leadership Styles, and Contexts of Environmental Leaders and their Organizations", Academy of Management Journal 43(4), 627–641.

Fiedler, F.E.: 1964, "A Contingency Model of Leadership Effectiveness", in L. Berkowitz (ed.), Advances in Experimental Social Psychology, (New York, Academic Press), 149–190.
Fredrickson, J.W.: 1986, "The Strategic Decision Process and Organizational Structure", Academy of Management Review 11(2), 280–297.
Fritz, M.: 2003, "Oil for Naught? Petro Profits Don't Ensure Prosperity, Studies Find", The Seattle Times (14 August 2003), A3.
Galbraith, J.R.: 1973, Designing Complex Organizations, (Reading, MA, Addison-Wesley).
Ginsberg, A. and Venkatraman, N.: 1985, "Contingency Perspectives of Organizational Strategy: A Critical Review of the Empirical Research", Academy of Management Review 10(3), 421–434.
Greening, D.W. and Gray, B.: 1994, "Testing a Model of Organizational Response to Social and Political Issues", Academy of Management Journal 73(3), 467–498.
Griffin, J.J. and Mahon, J.F.: 1997, "The Corporate Social Performance and Corporate Financial Performance Debate - Twenty Five Years of Incomparable Research", Business and Society 365(1), 5–31.
Griffin, J.J.: 2000, "Corporate Social Performance: Research Directions for the 21st Century", Business and Society 39(4), 479–491.
Hair, J.F., Black, B. and Babin, B.: 1998, Multivariate Data Analysis, (Upper Saddle River, Prentice Hall).
Henriques, I. and Sadorsky, P.: 1995, "The Determinants of Firms that Formulate Environmental Plans", in J.E. Post (ed.), Research in Corporate Social Performance and Policy. Sustaining the Natural Environment: Empirical Studies on the Interface between Nature and Organizations, (Greenwich, London, JAI Press), 67–97.
Henriques, K. and Sadorsky, P.: 1996, "The Determinants of an Environmentally Responsive Firm: An Empirical Approach", Journal of Environmental Economics and Management 30, 381–395.
Hersey, P. and Blanchard, K.H.: 1969, "Life Cycle Theory of Leadership", Training & Development Journal 23(5), 26.
Holmes, S.L.: 1976, "Executive Perceptions of Corporate Social Responsibility", Business Horizons 19, 34–40.
Holmes, S.L.: 1977, "Structural Responses of Large Corporations to a Social Responsibility Ethic", Academy of Management Proceedings, 281–284.
Hovi, J. and Skodvin, T. et al.: 2003, "The Persistence of the Kyoto Protocol: Why Other Annex I Countries Move on without the United States", Global Environmental Politics 3(4), 1–23.
Husted, B.: 2000, "A Contingency Theory of Corporate Social Performance", Business & Society 39(1), 24–48.
Ionescu-Somers, A.: 2006, "The Potential for a Business Case for Sustainability in the Food & Beverage Sector", (Dissertation, University of Ireland, Cork).
Kolk, A. and Levy, D.: 2001, "Winds of Change: Corporate Strategy, Climate Change and Oil Multinationals", European Management Journal 19(5), 501–509.
Lawrence, A.T. and Morell, D.: 1995, "Leading-Edge Environmental Management: Motivation, Opportunity, Resources, and Processes", in J.E. Post (ed.), Research in Corporate Social Performance and Policy. Sustaining the Natural Environment: Empirical Studies on the Interface between Nature and Organizations, (Greenwich, London, JAI Press), 99–126.
Morris, S.A. and Rehbein, K.H. et al.: 1990, "Building a Current Profile of Socially Responsive Firms", International Association for Business and Society Proceedings 1990, 290–303.
Salzmann, O.: 2006, "Corporate Sustainability Management in the Energy Sector: An Empirical Contingency Approach", (Dissertation, Technische Universität Berlin).
Schoonhoven, C.: 1981, "Problems with Contingency Theory: Testing Assumptions Hidden within the Language of Contingency", Administrative Science Quarterly 26, 349–377.
Sethi, S.P.: 1975, "Dimensions of Corporate Social Performance: An Analytic Framework", California Management Review 17(3), 58–64.
Sharma, S. and Pablo, A.L. et al.: 1999, "Corporate Environmental Responsiveness Strategies: The Importance of Issue Interpretation and Organizational Context", The Journal of Applied Behavioral Science 35(1), 87–108.
Sharma, S. and Vredenburg, H.: 1994, "Environmental Response in the Canadian Oil & Gas Industry: An Exploratory Study", in S.L. Wartick and D. Collins (eds.), Proceedings of the Fifth Annual Conference of the International Association for Business & Society, 448–453.
Shetty, Y.K.: 1979, "New Look at Corporate Goals", California Management Review 22(2), 58–64.
Shetty, Y.K. and Carlisle, H.M.: 1972, "A Contingency Model of Organization Design", California Management Review 15(1), 38–45.
Skjaerseth, J.B. and Skodvin, T.: 2001, "Climate Change and the Oil Industry: Common Problems, Different Strategies", Global Environmental Politics 1(4), 43–64.

Starik, M. and Rands, G.P.: 1995, "Weaving an Integrated Web: Multilevel and Multisystem Perspectives of Ecologically Sustainable Organizations", Academy of Management Journal 20(4), 908–935.

Steger, U.: 2003, Corporate Diplomacy: The Strategy for a Volatile, Fragmented Business Environment, (London, Wiley).

Swanson, D.L.: 1999, "Toward an Integrative Theory of Business and Society: A Research Strategy for Corporate Social Performance", Academy of Management Review 24(3), 508–521.

Tosi, H.L., Jr. and Slocum, John W., Jr.: 1984, "Contingency Theory: Some Suggested Directions", Journal of Management 10(1), 9–26.

Vroom, V.H. and Yetton, P.W.: 1973, "Leadership and Decision Making", Administrative Science Quarterly 18(4), 556–558

Wartick, S.L. and Cochran, P.L.: 1985, "The Evolution of the Corporate Social Performance Model", Academy of Management Review 10(4), 758–770.

Welford, R.: 2005, "Corporate Social Responsibility in Europe, North America and Asia", Journal of Corporate Citizenship (17), 33–52.

Wilson, M.: 2003, "Corporate Sustainability: What is it and Where does it Come from?" Ivey Business Journal (March/April), 1–5.

Winn, M.I.: 1995, "Corporate Leadership and Policies for the Natural Environment: A Multiple Case Study." in D. Collins and M. Starik (eds.), Research in Corporate Social Performance and Policy, Sustaining the Natural Environment: Empirical Studies on the Interface between Nature and Organizations, (Greenwich, CT, JAI Press Inc.), 127–161.

Wood, D.J.: 1991, "Corporate Social Performance Revisited", Academy of Management Review 16(4), 691–718.

Wood, D.J. and Jones, R.E.: 1995, "Stakeholder Mismatching: A Theoretical Problem in Empirical Research on Corporate Social Performance", The International Journal of Organizational Analysis 3(3), 229–267.

Woodward, J.: 1965, Industrial Organization: Theory and Practice, (London, Oxford University).

Determinants of corporate sustainability management:
An empirical contingency approach

Summary

Empirical cross-industry research in the area of corporate sustainability management (CSM) has clearly been neglected. The present study aims to fill this void by examining the importance of (1) financial risks and opportunities, (2) the license to operate, (3) company-specific factors and (4) managers' attitudes, as determinants of CSM across three industries: Oil and gas, technology, and food and beverage. Using analyses of variances (ANOVAs) and sector-specific multiple linear regression models, the authors analyzed data obtained from 398 managers operating primarily in Europe, North America and Asia. The results illustrate the contingency and sector-specific nature of CSM. They also suggest that sustainability leaders possess a heightened awareness of (1) risks associated with new emerging social or environmental issues and (2) the risk premium attached to brand value and reputation (as part of companies' informal license to operate). Moreover, these leaders were found to employ proactive managers and to be well equipped with certain management tools (data tools, management tools and conflict resolution tools).

Determinanten des Nachhaltigkeitsmanagements in Unternehmen:
Eine kontingenztheoretische Analyse

Zusammenfassung

Diese empirische Studie analysiert die Bedeutung mehrerer Determinanten des Nachhaltigkeits- und Umweltmanagements von Unternehmen anhand eines Vergleichs von drei Industriesektoren Öl- und Gas, Technologie, and Nahrungsmittel. Sie basiert auf quantitativen Daten, die von 398 Managern (mehrheitlich in Europa, Nordamerika und Asien tätig) erhoben wurden. Varianzanalysen und sektor-spezifische multiple Regressionsmodelle deuten klar auf die Notwendigkeit kontingenztheoretischer, sektorspezifischer Forschungsansätze auf dem Gebiet des Nachhaltigkeitsmanagements hin. Die Forschungsergebnisse lassen darüber hinaus die Schlussfolgerung zu, dass im Nachhaltigkeitsmanagement führende Unternehmen die finanziellen Chancen und Risiken neuer sozialer und umweltbezogener Problemfelder umfassender und höher bewerten und dem Markenwert und der Reputation ihres Unternehmens höhere Bedeutung beimessen. Darüber hinaus verfügen sie über ein umfangreicheres Instrumentarium (zur Konfliktbewältigung, Bereitstellung entscheidungsrelevanter Daten und zur Beeinflussung der Wahrnehmungen und Erwartungen der Manager) und proaktiveres Management.

Stellenwert und Schwerpunkte der Nonprofit-Forschung in der allgemeinen Betriebswirtschaftslehre: Ein Vergleich deutscher und US-amerikanischer Forschungsbeiträge*

Bernd Helmig, Silke Michalski[**]

Überblick

- Der vorliegende Beitrag zielt darauf ab, den Stellenwert sowie die Schwerpunkte der deutschen sowie der US-amerikanischen wissenschaftlichen Forschung zum Thema Management von Nonprofit-Organisationen (NPO) innerhalb der allgemeinen Betriebswirtschaftslehre (A-BWL) zu bestimmen und miteinander zu vergleichen. Die Untersuchung erfolgt dabei unter besonderer Berücksichtigung der Rolle von Nonprofit-Organisationen für die Wahrnehmung der gesellschaftlichen Verantwortung von Unternehmen (Corporate Social Responsibility).
- Zu diesem Zweck wurde für den Zeitraum von 1990 bis 2005 eine Publikationsanalyse in ausgewählten, hochrangigen A-BWL-Zeitschriften durchgeführt. Insgesamt wurden 5'111 Beiträge gesichtet, von denen letztlich 233 Beiträge der NPO-Forschung zugerechnet und anhand der Gewichtungs-, Inhalts-, Objekt- sowie methodologischen Dimension untersucht wurden.
- Der Beitrag zeigt, dass die NPO-Forschung in den US-amerikanischen Zeitschriften einen deutlich höheren Stellenwert (6,0 % der Beiträge) als in den deutschen Zeitschriften (2,8 % der Beiträge) einnimmt. Inhaltlich stehen in beiden Kulturräumen die betriebswirtschaftlichen Funktionen „Unternehmenspolitik" sowie „Personalmanagement" im Zentrum des Forschungsinteresses. Bevorzugte Untersuchungsobjekte bzw. -branchen sind der „Bildungs- und Forschungsbereich" (Universitäten) sowie das „Gesundheitswesen" (Krankenhäuser), wobei in den US-amerikanischen Zeitschriften die NPO-Beiträge deutlich stärker empirisch ausgerichtet sind.
- Während das Thema Corporate Social Responsibility aus Unternehmenssicht mittlerweile stärker thematisiert wird, steht die Auseinandersetzung zu der Wechselbeziehung zwischen Unternehmen und Nonprofit-Organisationen noch am Anfang. Im Rahmen der hier durchgeführten Literaturanalyse konnten lediglich zwei deutschsprachige NPO-Forschungsbeiträge identifiziert werden, die diesen Zusammenhang explizit thematisieren.

Keywords Business administration · corporate social responsibility · nonprofit management · nonprofit research · nonprofit sector · literature review

JEL: L3, M10, M14, P52

Prof. Dr. Bernd Helmig (✉)
Inhaber des Lehrstuhls für Nonprofit-Management & Marketing, Direktor des Verbandsmanagement Instituts (VMI) an der Universität Freiburg Schweiz sowie Vertreter des Lehrstuhls für ABWL, Public & Nonprofit Management an der Universität Mannheim. E-Mail: bernd.helmig@unifr.ch; http://helmig.bwl.uni-mannheim.de

Dr. Silke Michalski (✉)
Habilitandin am Lehrstuhl für Nonprofit-Management & Marketing sowie Research Associate am VMI, Universität Freiburg Schweiz.
Boulevard de Pérolles 90, CH-1700 Freiburg. Tel.: +41 26 300 84 00; Fax: +41 26 300 97 55;
E-Mail: silke.michalski@unifr.ch; Internet: www.unifr.ch/npo-management

A. Einführung

I. Bedeutungszunahme des NPO-Sektors

Nonprofit-Organisationen (NPO) sind Organisationen, die einem gesellschaftlich als sinnvoll und notwendig anerkannten Leistungsauftrag folgen und dabei nicht in erster Linie vom Ziel der Gewinngenerierung geleitet werden (Drucker, 1990; Ben-Ner, 1994; McFarlan, 1999; Sargeant, 2005). NPO werden gemeinhin als Teil des Dritten Sektors verstanden, der neben bzw. zwischen den beiden idealtypischen „Polen" Markt und Staat angesiedelt ist (Etzioni, 1973; Levitt, 1973).

Dem in stetigem Wachstum begriffenen NPO-Sektor wird von Wissenschaftlern eine *zunehmende Bedeutung* attestiert (Zimmer, 1997; Helmig et al., 2004, 2006). Zahlenmäßig umfasst der NPO-Sektor in Deutschland beispielsweise ca. 10'000 gemeinnützige Stiftungen, 550'000 Vereine (Müller, 2005) und 7'900 Genossenschaften (Stappel, 2004). Selbstverständlich sagt die Zahl der Organisationen allein nicht viel über die volkswirtschaftliche und auch gesellschaftspolitische Bedeutung des NPO-Sektors aus. Beschäftigtenzahlen sind da aufschlussreicher: In acht – im Rahmen des an der Johns Hopkins University in Baltimore (USA) koordinierten „Comparative Nonprofit Sector Project (CNP)" (Salamon et al., 1999a, 1999b, 2004) – untersuchten Ländern[1] stieg die *Beschäftigung im privaten NPO-Sektor* zwischen 1990 und 1995 um 23,0 Prozent, während die allgemeine Beschäftigung in dieser Zeitspanne lediglich um 6,2 Prozent zunahm. Der private NPO-Sektor beschäftigt in diesen Ländern ca. 1,9 Mio. Arbeitnehmer. Dies entspricht dort rund 4,5 Prozent der Gesamtbeschäftigung oder jedem achten Arbeitsplatz im Dienstleistungssektor. Neben der Wahrnehmung gesellschaftlicher Verantwortung kommt dem NPO-Sektor somit auch eine nicht zu unterschätzende ökonomische Bedeutung zu (Salamon et al., 2004).

Bezogen auf die Wissenschaft findet die Bedeutungszunahme des NPO-Sektors ihren Niederschlag in einer Vertiefung des wissenschaftlichen Diskurses. Festmachen lässt sich dies beispielsweise an der Herausgabe von spezifischen Fachzeitschriften zum NPO-Management. Während in Deutschland im Wesentlichen die *Zeitschrift für öffentliche und gemeinwirtschaftliche Unternehmen (ZögU)* sowie die *Zeitschrift für das gesamte Genossenschaftswesen (ZfgG)* wissenschaftliche Aspekte des NPO-Management publizieren, liegen eine ganze Reihe von englischsprachigen Fachzeitschriften mit Fokus Nonprofit-Management vor.[2] Die deutsche NPO-Forschung ist somit in ihrem Entwicklungsstand – gemessen anhand der Quantität, Breite und inhaltlichen Ausdifferenzierung wissenschaftlicher Spezialzeitschriften – noch ausbaufähig. Eine Tatsache, die dazu beiträgt, dass deutsche NPO-Fachvertreter (z. B. Witt, 2002) auch heute noch der Aussage von Rudolph Bauer aus dem Jahre 1995 (S. 63) zustimmen, nach der die NPO-Forschung „in der deutsch[sprachig]en Wissenschaftslandschaft noch nicht etabliert ist und innerhalb ihrer disziplinären Koordinaten so recht keinen Platz hat."

Vor diesem Hintergrund zielt der vorliegende Beitrag erstens darauf ab, den „Stellenwert der deutschen und US-amerikanischen Nonprofit-Forschung" innerhalb der A-BWL zu bestimmen (*deskriptives Wissenschaftsziel*) sowie in der Folge die identifizierten Gemeinsamkeiten bzw. Unterschiede beider Kulturräume zu erklären (*explikatives Wissenschaftsziel*). Dies soll unter besonderer Berücksichtigung der Wechselwirkung zwischen

NPO und gewinnorientierten Unternehmen im Rahmen von Corporate Social Responsibility erfolgen. Der Ausdruck „Stellenwert der NPO-Forschung" wird im Rahmen dieser Arbeit definiert als Anteil an NPO-Forschungsbeiträgen in maßgeblichen Publikationsorganen der A-BWL am Gesamtanteil aller dort publizierten Beiträge (vgl. hierzu auch Abb. 1, Gewichtungsdimension).

Zweitens zielt die Untersuchung darauf ab, die „Schwerpunkte der NPO-Forschung" in Deutschland und den USA zu bestimmen (*deskriptives Wissenschaftsziel*) sowie mögliche Unterschiede und Gemeinsamkeiten in der Schwerpunktlegung beider Länder zu erklären (*explikatives Wissenschaftsziel*). Zur Erreichung dieser Ziele werden nachfolgend drei Schwerpunktdimensionen näher betrachtet: Zunächst werden die inhaltlichen Themenschwerpunktlegungen der jeweiligen Beiträge entsprechend der Zugehörigkeit zu einer bestimmten BWL-Funktion untersucht und miteinander verglichen (Inhaltsdimension). Darauf aufbauend wird das Untersuchungsobjekt der jeweiligen Beiträge gemäß der International Classification of Nonprofit Organizations (ICNPO) untersucht und mit seinen Pendants verglichen (Objektdimension). Ferner wird der methodische Schwerpunkt der jeweiligen Beiträge im Sinne einer eher konzeptionellen oder empirischen Ausrichtung untersucht und miteinander verglichen (methodologische Dimension).

Drittens zielt diese Untersuchung darauf ab, konkrete Handlungsempfehlungen im Sinne zukünftiger NPO-Themenstellungen für (v. a. deutschsprachige) NPO-Forschende abzuleiten (*instrumentelles Wissenschaftsziel*). Über die genannten Forschungsziele hinaus, soll mit dieser Arbeit letztlich auch ein aktiver Beitrag zur Wahrnehmung der öffentlichen Betriebswirtschaftslehre innerhalb der A-BWL geleistet werden.

II. Berücksichtigung terminologischer und kultureller Unterschiede innerhalb der NPO-Forschung

Bevor die Vorgehensweise der Untersuchung sowie die Forschungsergebnisse dargestellt werden, ist auf zwei Problembereiche hinzuweisen, die für die vorliegende Arbeit von zentraler Bedeutung sind. Es handelt sich dabei um die *terminologischen* und um die *kulturellen Unterschiede* in den beiden betrachteten Ländern, ohne deren Berücksichtigung ein Vergleich des Stellenwerts und der Schwerpunkte der NPO-Forschung in deutschen und US-amerikanischen Zeitschriften nicht angebracht erscheint (Sokolowski/ Salamon, 1999; Palazzo, 2002).

Zu den terminologischen Aspekten gilt für beide Länder zunächst gleichermaßen, dass bislang keine einheitliche NPO-Terminologie verwendet wird. In der US-amerikanischen Forschung werden beispielsweise die Begriffe „nonprofit-sector", „npo-sector", „independent sector", „voluntary sector", „philanthropic sector", „social sector" oder „third sector" teilweise synonym verwendet (Bauer, 1995; Schuhen, 2002; Powell/Steinberg, 2006). In der deutschsprachigen Nonprofit-Forschung werden insbesondere die Begriffe „Nonprofit-Organisation" (Eichhorn, 2001; Helmig et al., 2004) oder „Not-For-Profit-Organisation" (Anthony, 1988; Gentry, 2002) verwendet.[3]

In der US-amerikanischen und deutschen NPO-Forschung bestehen *terminologische Unterschiede* im Hinblick auf den Begriffinhalt von NPO. Während in der US-amerikanischen Forschung der NPO-Begriff einen primär ökonomischen Sachverhalt im Sinne von „private Organisationen ohne Erwerbszweck" bezeichnet und somit als konstitutives Element einer NPO die „Nichtausschüttungsrestriktion" (non-distribution-constraint) in das Zentrum gestellt wird, steht in der deutschen NPO-Forschung häufig die Rechtsform im Vordergrund (Bauer, 1995; Purtschert, 1992). Sichtbar wird dies u. a. auch an der Benennung von Nonprofit-Forschungseinrichtungen, die in den USA i. d. R. das Thema NPO in den Titel integrieren (z. B. Center for Public and Nonprofit Leadership, Georgetown University), während im deutschsprachigen Raum noch häufig die Rechtsform in der Namensgebung dominiert (z. B. Verbandsmanagement Institut (VMI), Universität Freiburg, Schweiz).

Die bisherigen Ausführungen mögen belegen, dass die Modelle des NPO-Sektors bislang nicht als ein geschlossenes und einheitlich definiertes Gebilde aufgefasst werden können (Dobkin-Hall, 1994; Anheier, 1995; Arrow, 1998; Wilbur, 2000). Hinzu kommt, dass die NPO-Forschung generell *sehr stark interdisziplinär ausgerichtet* ist und von zahlreichen Disziplinen, wie beispielsweise den Sozial- und Wirtschaftswissenschaften, den Rechtswissenschaften, der Psychologie oder der Philosophie, tangiert wird (Blümle, 1994). Dies verstärkt die Notwendigkeit einer einheitlichen Verwendung von Begriffen, um so Vergleiche von Forschungsarbeiten aus unterschiedlichen Kulturräumen und Fachdisziplinen zu ermöglichen.

Als Konsequenz für die vorliegende Arbeit ergibt sich daraus, dass ein *weiter Begriffsinhalt von NPO* gewählt wird, der auch die so genannten „Quasi Non Governmental Organizations" (QUANGOs)[4] – worunter zunehmend auch Universitäten und Krankenhäuser in öffentlicher Trägerschaft fallen – umfasst (Dekker, 2001). Es wird dabei im Rahmen dieser Untersuchung insofern vereinfachend vorgegangen, als semantisch keine Unterscheidung zwischen Organisationen des Dritten Sektors und NPO erfolgt. Vielmehr werden alle interessierenden Arbeiten zum Thema unter dem „begrifflichen Dach NPO" behandelt und analysiert. Zusammenfassend lässt sich konstatieren, dass der *NPO-Sektor* nach der hier zugrunde gelegten Definition, die ursprünglich aus dem einschlägigen US-amerikanischen Sprachgebrauch stammt (Etzioni, 1973; Levitt, 1973; Bjur, 1975), *alle diejenigen Organisationen umfasst, die weder erwerbswirtschaftliche Firmen noch öffentliche Behörden der unmittelbaren Staats- und Kommunalverwaltung sind.*

Ferner existieren auch *kulturelle Unterschiede,* die bei einem Vergleich der deutschen und der US-amerikanischen Forschungsbeiträge zum Nonprofit-Management zu berücksichtigen sind (vgl. vertiefend im Bezug auf die USA und Europa auch Kerlin, 2006). Diese beziehen sich neben der *Sprache* und der bereits angesprochenen *stärkeren Differenzierung im Bereich der Fachzeitschriften* u. a. auf die Frage, ob NPO eher *substitutiv oder komplementär zu Unternehmen* angesehen werden. Während Nonprofit-Organisationen in Deutschland traditionell Aufgaben übernehmen, die der Staat nach dem Subsidiaritätsprinzip an NPO (z. B. die Paritätischen Wohlfahrtsverbände) „auslagert", wobei diese Leistungen aber weitgehend durch staatliche Zuwendungen finanziert werden, sind NPO in den USA mit ähnlicher Aufgabenerfüllung in wesentlich stärkerem Ausmaß dem privaten Wettbewerb ausgesetzt. Konkurrenzsituationen, wie sie beispielsweise in den sozialen Branchen bestehen (z. B. im Bereich Altenpflege oder Krankenhausdienste), sind in den USA seit langem Normalität, während sie in Deutschland erst in den vergangenen Jahren stärker aufgetreten sind. Infolgedessen hat sich gerade die deutsche allgemeine Betriebswirtschaftslehre diesem – früher vor Wettbewerb weitgehend „geschützten" – Sektor eher weniger gewidmet, als das in den USA der Fall war.

Diese ausgewählten Beispiele führen zu der grundsätzlichen Annahme, dass sich kulturelle Unterschiede zu einem gewissen Teil auch in den Ergebnissen der Publikationsanalyse niederschlagen werden. Bei der Interpretation der Forschungsergebnisse wird daher dem kulturellen Aspekt jeweils besondere Bedeutung beigemessen.

B. Vorgehensweise

Die Vorgehensweise der Untersuchung orientiert sich an den in der Literatur empfohlenen Prozessschritten zur Durchführung einer systematischen Publikationsanalyse (Davies/ Crombie, 1998; Davies, 2000; Tranfied et al., 2003) sowie an den im einschlägigen Schrifttum bereits vorgelegten Publikationsanalysen (Helmig/Tscheulin, 1998; Fassnacht/ Homburg, 2001; Krafft et al., 2002; Macharzina et al., 2004; Hansen/Schrader, 2005). Ferner sind Grundsätze aus der qualitativen Forschung zur Sicherstellung der Validität und Reliabilität der Publikationsanalyse eingeflossen (Steinke, 2000). Die Publikationsanalyse wurde in drei Prozessschritten geplant und umgesetzt (vgl. Abb. 1).

In einem *ersten Schritt wurde die Publikationsauswahl und -sichtung* vorgenommen. Um die Analyse in einem überschaubaren Rahmen zu halten, wurde die Sichtung der Zeitschriftenbeiträge auf den Zeitraum von 1990 bis 2005 beschränkt. Hinsichtlich der Publikationsauswahl wurde festgelegt, dass sich die Publikationsanalyse auf die drei als „führend" (Helmig/Tscheulin, 1998; Weibler/Wald, 2004; Hansen/Schrader, 2005) bzw. als „maßgeblich" (Krafft et al., 2002) bezeichneten deutschen Zeitschriften *Die Betriebswirtschaft (DBW), Schmalenbachs Zeitschrift für betriebswirtschaftliche Forschung (ZfbF)* und *Zeitschrift für Betriebswirtschaft (ZfB)* konzentriert.[5] Bei der Auszählung wurden folgende Rubriken berücksichtigt: bei der DBW: Beiträge, Fokus Praxis; bei der ZfB: Forschung, Praxis, State of the Art (jedoch keine ZfB Ergänzungshefte); bei der ZfbF: Beiträge, Kontaktstudium. Ausgeklammert wurden Stellungnahmen und Erwiderungen zu Beiträgen sowie Sammelrezensionen.

Den deutschen Forschungsbeiträgen wurden Artikel aus zwei der bedeutendsten US-amerikanischen A-BWL-Zeitschriften gegenübergestellt (Vocino/Elliott, 1984), nämlich *Academy of Management Journal (AMJ)* und *Management Science (ManSc)*. In beiden Zeitschriften wurden nur Originalbeiträge in laufenden Heften berücksichtigt. Dementsprechend wurden auch hier Sonderhefte bzw. Supplements, Research Notes, Editorials, Errata etc. aus der Analyse ausgeklammert. Unberücksichtigt bleiben in dieser Untersuchung ferner zahlreiche andere betriebswirtschaftliche Fachzeitschriften (vgl. hierzu bspw. die in Endnote 2 aufgeführten Zeitschriften), Monografien, Dissertations- und Habilitationsschriften, Arbeitspapiere sowie Konferenzbeiträge, deren ergänzende Sichtung sicherlich zusätzlichen Erkenntnisgewinn versprochen, jedoch den Umfang dieser Untersuchung bei weitem gesprengt hätte. Im Ergebnis wurden 2'290 deutsche Beiträge sowie 2'821 US-amerikanische Beiträge gesichtet.

Im *zweiten Schritt* der Publikationsanalyse fand die eigentliche *Datenerhebung der NPO-Beiträge* statt. In vielen der bisher vorgelegten Publikationsanalysen wurde die Datenerhebung lediglich durch einen Wissenschaftler durchgeführt. Im Bemühen um

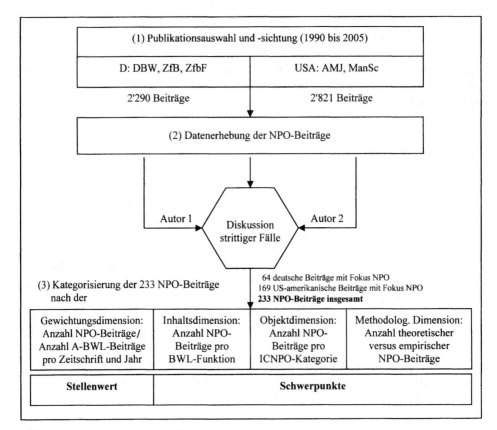

Abb. 1. Vorgehensweise bei der Publikationsanalyse

eine möglichst hohe Güte der Untersuchung wurde entschieden, die ausgewählten fünf Zeitschriften durch beide Verfasser unabhängig voneinander zu analysieren. Zudem wurde eine vollständige Sichtung der Textinhalte durchgeführt und nicht, wie teilweise in Publikationsanalysen üblich, eine vereinfachende Aufnahme eines Beitrags auf der Basis des Titels oder eines Abstracts vorgenommen. Nach der Sichtung der 5'111 Beiträge durch beide Verfasser wurden die jeweils identifizierten NPO-Beiträge miteinander verglichen und strittige Fälle gemeinsam diskutiert bzw. eine Einzelfallentscheidung hinsichtlich der Integration von NPO-Beiträgen in die Analyse getroffen. Aus der Diskussion der strittigen Fälle ergaben sich drei grundsätzliche Regeln zur Integration von Publikationen in die Untersuchung, die in den Anmerkungen ausführlich erklärt sind.[6] Im Zusammenhang mit dem Thema Corporate Social Responsibility wurde ferner festgelegt, dass diejenigen Beiträge in die Analyse aufgenommen bzw. als NPO-Forschungsbeitrag gewertet werden sollen, die explizit die Wechselwirkung von NPO und Unternehmen im Rahmen von Corporate Social Responsibility thematisieren, während alle Beiträge unberücksichtigt blieben, in denen das Thema Corporate Social Responsibility aus der reinen Unternehmensperspektive betrachtet wurde (z. B. Studien zur Vermarktung umweltfreundlicher Produkte, u. a. bei Kaas, 1992, oder Beiträge zu den Erfolgswirkungen von CSR im Sinne von Imageaufbau oder Reputationssteigerung, vgl. z. B. Eberl/Schwaiger, 2006). Letztlich wurden 64 Beiträge der deutschen NPO-Forschung und 169 der US-amerikanischen NPO-Forschung zugerechnet.[7] Die Datenbasis der Untersuchung umfasst somit 233 NPO-Forschungsbeiträge.

In einem *dritten Prozessschritt* wurden Entscheidungen zu sinnvollen *Kategorisierungen der identifizierten Beiträge* getroffen. Der Stellenwert der NPO-Forschung wurde bestimmt, indem die Anzahl der identifizierten NPO-Beiträge pro Zeitschrift und Jahr durch die Anzahl aller publizierten Beiträge in der jeweiligen Zeitschrift dividiert wurde *(Gewichtungsdimension)*. Für die Kategorisierung der Inhalte der NPO-Artikel wurde, in leicht abgeänderter Form, auf die bewährte Systematisierung von Albach (1993) zurückgegriffen, die zehn Funktionen bzw. Teildisziplinen der allgemeinen Betriebswirtschaftslehre unterscheidet *(Inhaltsdimension;* vgl. auch Tabelle 1). Die Beiträge wurden dabei jeweils derjenigen betriebswirtschaftlichen Funktion zugeordnet, die Hauptgegenstand der Untersuchung war. In einigen Zweifelsfällen haben sich die Verfasser zudem an der Fachrichtung der jeweiligen Autoren orientiert (vgl. zu dieser Vorgehensweise Krafft et al., 2002).[8] Zur Kategorisierung innerhalb der *Objektdimension* wurde auf die International Classification of Nonprofit Organizations (ICNPO) zurückgegriffen (vgl. Salamon/ Anheier, 1992a, b).[9] Die ICNPO hat sich im Nonprofit-Sektor mittlerweile fest etabliert und findet im einschlägigen Schrifttum, trotz der Existenz „konkurrierender" Klassifikationen,[10] häufig Anwendung. Die ICNPO unterscheidet insgesamt zwölf so genannte Hauptgruppen bzw. Brancheneinteilungen (vgl. im Detail Tabelle 2). Im Rahmen der *methodologischen Dimension* wurde schließlich eine einfache Kategorisierung dahingehend vorgenommen, ob es sich um einen theoretischen oder empirischen Beitrag handelt.

C. Vergleich anhand der Gewichtungsdimension

Im Ergebnis der Datenanalysen zur Gewichtungsdimension zeigte sich, dass im Zeitraum von 1990 bis 2005 der Prozentsatz der Artikel zum NPO-Management in den deutschen Zeitschriften 2,8 Prozent (absolut: 64 von 2'290 Beiträgen) beträgt, während in den US-amerikanischen Zeitschriften mit 6,0 Prozent (absolut: 169 von 2'821 Beiträgen) deutlich mehr Beiträge publiziert wurden. Bei detaillierter Betrachtung der drei analysierten deutschen A-BWL-Zeitschriften ergab sich ferner, dass in der ZfB mit 2,0 Prozent (absolut: 20 von 988 Beiträgen) relativ gesehen am wenigsten Beiträge mit Bezug zu NPO publiziert wurden, während es in der ZfbF 2,3 Prozent (absolut: 16 von 685 Beiträgen) und in der DBW 4,5 Prozent (absolut: 28 von 617 Beiträgen) waren. Die relevanten deutschen NPO-Artikel sind im Anhang (Tabelle A1) vollständig aufgeführt. Für den US-amerikanischen Raum wurde für die Zeitschrift AMJ mit 8,6 Prozent (absolut: 82 von 959 Beiträgen) eine deutlich höhere Gewichtung ermittelt, während ManSc mit 4,7 Prozent (absolut: 87 von 1'862 Beiträgen) auf einem ähnlichen Niveau wie die DBW liegt. Das erste Ergebnis wird wie folgt zusammengefasst:

Ergebnis 1:
Die NPO-Forschung nimmt innerhalb der allgemeinen Betriebswirtschaftslehre in US-amerikanischen A-BWL-Zeitschriften einen mehr als doppelt so hohen Stellenwert ein, als in den untersuchten deutschen A-BWL-Zeitschriften (6,0 % versus 2,8 %).

Abbildung 2 stellt den Stellenwert der NPO-Forschung in seiner *zeitlichen Entwicklung* dar. Die Anteile an NPO-Beiträgen in den US-amerikanischen Zeitschriften (obere Kurve) liegen deutlich, mit Ausnahme des Jahres 2005, über denjenigen der deutschen Zeitschriften (untere Kurve) und erreichen in den Jahren 2000 und 2002 sogar Spitzenwerte von 9,2 bzw. 11,0 Prozent.

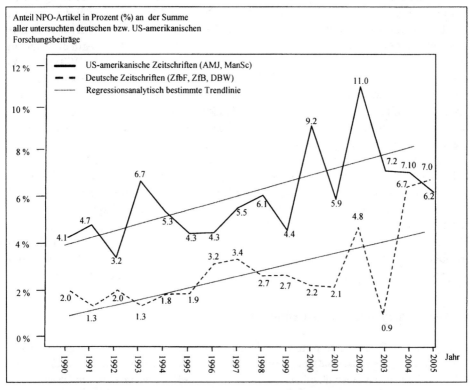

Abb. 2. Entwicklung des Stellenwerts der NPO-Forschung in Publikationsorganen der A-BWL im Zeitraum 1990 bis 2005

Auf Seiten der analysierten drei deutschen Periodika wurden bis 1995 pro Jahr maximal zwei bis drei Beiträge mit Bezug zu NPO veröffentlicht und somit Anteile um die 2,0 Prozent erreicht. Ab 1996 ist ein kontinuierlicher Anstieg an deutschen NPO-Artikeln zu konstatieren, der im Jahr 2005 mit 7,0 Prozent sogar erstmalig über dem Anteil der untersuchten US-amerikanischen NPO-Artikel (6,2 %) liegt. Dieser kontinuierliche Anstieg gilt ebenfalls für die US-amerikanische Forschung, da die regressionsanalytisch bestimmten Trendlinien eine nahezu identische Steigung aufweisen (Trendlinie deutsche NPO-Beiträge $\beta = 0{,}24$ versus US-amerikanische NPO-Beiträge $\beta = 0{,}26$). Zusammenfassend wird folgendes Ergebnis festgehalten:

Ergebnis 2:
Sowohl in den deutschen als auch in den US-amerikanischen A-BWL-Zeitschriften weist die NPO-Forschung im Zeitablauf einen kontinuierlich zunehmenden Stellenwert innerhalb der allgemeinen Betriebswirtschaftslehre auf.

Beide Ergebnisse beruhen sicherlich zu einem gewissen Teil auf den bereits angesprochenen kulturellen Unterschieden, da die NPO-Managementforschung in der US-amerikanischen Forschungslandschaft bereits seit vielen Jahren fest verankert ist (vgl. zur historischen Entwicklung des NPO-Sectors Anheier, 2005), während sie im deutschen Raum noch keine große Tradition aufweist (Bauer, 1995). Um die Unterschiede in den Anteilen der NPO-Forschung innerhalb der A-BWL sowie die Gemeinsamkeit einer fast gleichlaufenden, positiven Entwicklung erklären zu können, ist der Frage nachzugehen, auf welchen Faktoren die längere NPO-Forschungstradition beruhen könnte. Als ein wesentlicher Einflussfaktor kann die Tatsache angesehen werden, dass NPO in den USA seit jeher in einem stärkerem Maße Wettbewerbssituationen ausgesetzt waren und immer noch sind, während in Deutschland zahlreiche NPO-Branchen lange Zeit einem staatlichen Schutz unterlagen oder teilweise immer noch unterliegen (Salamon et al., 1999a, b; Salamon et al., 2004; Powell/Steinberg, 2006). Die Gemeinsamkeit einer im Zeitablauf steigenden Anzahl von NPO-Beiträgen wird darauf zurückgeführt, dass sich der NPO-Sektor, wie eingangs bereits erläutert, auch wirtschaftlich und beschäftigungspolitisch positiv entwickelt und sich in diesem Zuge in beiden Kulturräumen eine aktive NPO-Community etabliert hat. Zusammenfassend lautet das dritte Ergebnis:

Ergebnis 3:
Der Unterschied eines höheren Stellenwerts der NPO-Forschung in den USA lässt sich auf die längere Forschungstradition zum NPO-Management zurückführen, die wiederum auf einem höheren Wettbewerbsdruck zur Generierung privater Finanzierungsquellen beruht. Die Gemeinsamkeit einer positiven Entwicklung der NPO-Forschung lässt sich auf die beschäftigungspolitische Entwicklung des gesamten NPO-Sektors zurückführen.

D. Vergleich anhand der Inhaltsdimension

Im Rahmen der Inhaltsdimension wurden die 233 NPO-Artikel zunächst dahingehend untersucht, welche betriebswirtschaftliche Funktion im Zentrum des Beitrags steht. Tabelle 1 zeigt das Ergebnis im Überblick, wobei bereits an dieser Stelle auf eine der zentralen Limitationen der Arbeit hingewiesen werden soll. Im Rahmen der Auswertungen zur Inhaltsdimension wurde durch die unabhängige Codierung von zwei Forschenden versucht, eine möglichst zweifelsfreie Zuordnung der Beiträge zu einer BWL-Funktion zu erreichen. Dennoch konnten durch dieses Vorgehen nicht alle Zuordnungsprobleme beseitigt werden. Zahlreiche Beiträge weisen Schnittstellen zu anderen betriebswirtschaftlichen Funktionen auf, sodass häufig auch mehrere Funktionen pro Beitrag hätten benannt werden können. Diese Vorgehensweise wäre dem Inhalt der Beiträge vermutlich eher gerecht geworden, wurde aber deshalb verworfen, weil dann keine hinreichend eindeutige Aussage zu den inhaltlichen Schwerpunkten der NPO-Forschung möglich gewesen wäre. Bei der Interpretation der Ergebnisse ist somit zu berücksichtigen, dass die

Tab. 1. Aufteilung der Artikel nach betriebswirtschaftlichen Funktionen (in Anlehnung an die Klassifikation von Albach, 1993)

BWL-Funktion	Deutsche Zeitschriften (abs.)	Deutsche Zeitschriften [%]	US-amerik. Zeitschriften (abs.)	US-amerik. Zeitschriften [%]
Unternehmenspolitik	16	25,0 %	27	16,0 %
Personalmanagement	13	20,3 %	34	20,1 %
Rechnungswesen/Controlling/Accounting	11	17,2 %	17	10,1 %
Marketing	9	14,1 %	11	6,5 %
Organisation	6	9,4 %	25	14,8 %
Finanzmanagement	5	7,8 %	4	2,4 %
Informationsmanagement	2	3,1 %	7	4,1 %
Materialwirtschaft	0	0,0 %	2	1,2 %
Produktion	0	0,0 %	15	8,9 %
Sonstiges	2	3,1 %	27	16,0 %
Insgesamt	**64**	**100 %**	**169**	**100 %**

Zuordnung der Beiträge zu den BWL-Funktionen lediglich den Schwerpunkt des jeweiligen Beitrags reflektiert.

Tabelle 1 zeigt, dass der inhaltliche Schwerpunkt der deutschen NPO-Forschung innerhalb der allgemeinen Betriebswirtschaftslehre auf den Funktionen *Unternehmenspolitik* mit 25,0 Prozent (16 Artikel) und *Personalmanagement* mit 20,3 Prozent (13 Artikel) liegt. Die Verteilung der Artikel in den *US-amerikanischen* Zeitschriften ergibt ein ähnliches Bild. An erster Stelle der BWL-Funktionen steht dort mit 20,1 Prozent (34 Beiträge) das Personalmanagement. Knapp dahinter folgt mit 16,0 Prozent (27 Beiträge) die Funktion Unternehmenspolitik. Dass diese beiden Funktionen in beiden Ländern einen dominanten Forschungsschwerpunkt darstellen überrascht wenig. Der Grund für diese klare Schwerpunktlegung ergibt sich direkt aus den Besonderheiten des Managements von Nonprofit-Organisationen. Die Besonderheit des Personalmanagements in NPO liegt insbesondere darin, dass neben hauptamtlichen Mitarbeitenden, das heisst Personen, die Gehalt beziehen und eine professionelle Ausbildung für die jeweilige Position vorweisen können (z. B. Geschäftsführer einer NPO), zudem zwei weitere Kategorien von Mitarbeitenden zu führen sind, deren Steuerung und Koordination vergleichsweise schwieriger zu bewältigen ist.

Hierbei handelt es sich einerseits um ehrenamtliche Mitarbeitende. Dies sind Personen, die freiwillig und i. d. R. ohne Bezahlung strategische Führungsaufgaben innerhalb der NPO wahrnehmen bzw. die in dafür zuständige Gremien gewählt wurden. Typische Beispiele sind Stiftungsräte oder Vorstandsmitglieder von Vereinen deren Aufgabe es ist, die grundsätzlichen Ziele und Strategien der NPO festzulegen, während der hautamtliche Geschäftsführer der NPO die Aufgabe übernimmt, diese Vorgaben im operativen Tagesgeschäft umzusetzen. Zudem wird im NPO-Management die Mitarbeitendenkategorie der Freiwilligen („Helfer") unterschieden, die sich ebenfalls unentgeltlich, zeitlich begrenzt, aber ohne Entscheidungsbefugnisse oder Führungsaufgaben für die NPO engagieren (z. B. Personen, die im Auftrag einer NPO Besuche in Seniorenwohnheimen wahrnehmen).

Der identifizierte Forschungsschwerpunkt beider Länder hinsichtlich der Funktion Unternehmenspolitik lässt sich ebenfalls mit den Besonderheiten des NPO-Management erklären, die darin besteht, dass es sich i. d. R. um ein Management von Kleinorganisationen handelt, in denen es nicht zwingend erforderlich bzw. aufgrund der fehlenden personellen Ressourcen gar nicht möglich ist, neben dem hauptamtlichen Geschäftsführer noch weitere kaufmännische Positionen, wie z. B. einen Marketingleiter, zu verankern. Dies hat wiederum zur Folge, dass die NPO-Praxis ein gesteigertes Interesse an dem Thema Unternehmenspolitik aufweist, welches sich auch in der wissenschaftlichen Auseinandersetzung mit NPO niederzuschlagen scheint. Zusammenfassend lässt sich folgendes Ergebnis festhalten:

Ergebnis 4:
In der betriebswirtschaftlichen NPO-Forschung ist in beiden Kulturräumen eine intensive Forschung zu den Funktionen Unternehmenspolitik und Personalmanagement festzustellen. Diese Gemeinsamkeit erklärt sich primär aus den generellen Besonderheiten des Management von Nonprofit-Organisationen.

Beim Vergleich der NPO-Forschungstätigkeit in Bezug auf die BWL-Funktion *Rechnungswesen/Controlling/Accounting* mit 17,2 Prozent (11 Artikel) fällt auf, dass diese in der deutschsprachigen NPO-Forschung intensiv bearbeitet wird – wobei sich hierunter vor allem Arbeiten zum Controlling in öffentlichen Organisationen, wie z. B. Hochschulen, finden – während in der US-amerikanischen Forschung auf diese Funktion lediglich 10,1 Prozent (17 NPO-Artikel) entfallen. Ein ähnliches Bild zeigt sich für die Funktion *Finanzmanagement*, auf die in der deutschen NPO-Forschung immerhin noch 7,8 Prozent, in den USA jedoch nur noch 2,4 Prozent entfallen. Eine Erklärung für dieses Phänomen könnte sein, dass die direkte öffentliche Finanzierung in Deutschland bzw. die schwierige Finanzsituation und Haushaltslage eine dominante, nahezu alles überlagernde Rolle einnimmt, während es in den USA eher möglich ist, private Zusatzfinanzierungen zu generieren. Eine geringere Aktualität des Themas Controlling öffentlicher Finanzmittel und somit letztlich eine geringere Forschungstätigkeit zur BWL-Funktion Rechnungswesen/ Controlling/Accounting sind möglicherweise die Folge.

In Bezug auf die BWL-Funktion *Marketing* wurde bei der Auswertung der deutschen Zeitschriften ebenfalls eine vergleichsweise höhere Anzahl an NPO-Beiträgen festgestellt. Insgesamt belegt das Marketing mit 14,1 Prozent (9 Artikel) den vierten Rang, während diese Funktion im Rahmen der Auswertung zur US-amerikanischen NPO-Forschung lediglich 6,5 Prozent (11 Artikel) und somit insgesamt den siebten Rang einnimmt (wobei interessanterweise lediglich ein Marketing-Artikel auf die Zeitschrift AMJ entfällt und alle übrigen zehn Artikel in ManSc publiziert wurden). Ein Grund für diese (eher unerwartet) starke Marketingorientierung in der deutschen NPO-Forschung ist sicherlich die Tatsache der bereits angesprochen finanziellen Mittelknappheit, die von den NPO in der Folge höhere Anstrengungen im Sinne des Fundraising fordert, welches wiederum klassischerweise zum Marketingmix einer NPO gezählt wird (Purtschert, 2005). Fragestellungen der Vermarktung und Marktorientierung scheinen dabei seit dem Jahr 2000 besonders aktuell zu sein, da insgesamt sieben der neun identifizierten NPO-Marketingbeiträge im Zeitraum 2000 bis 2005 erschienen sind. Eine pragmatische Erklärung für den geringeren Anteil an Marketing-Artikeln in den beiden ausgewerteten US-Zeitschriften ist ferner, dass es in den USA und in Großbritannien eine Reihe von NPO-spezifischen Marketing-Zeitschriften gibt, die eine große Anzahl von Publikationen zu diesem Thema veröffentlichen (vgl. Endnote 2). Zudem existieren länderspezifische Unterschiede hinsichtlich der Anzahl funktionaler Fachzeitschriften, sodass der geringere Anteil an US-NPO-Artikeln zum Marketing erklärbar wird. Beispielsweise bieten sich für hochkarätige Marketing-Publikationen die Zeitschriften Journal of Marketing, Journal of Marketing Research sowie Marketing Science an, während es im deutschen Sprachraum lediglich eine Zeitschrift gibt, die dieses Fachgebiet abdeckt (Marketing – Zeitschrift für Forschung und Praxis). Letzteres Argument gilt auch für die Funktion Finanzmanagement (hier ist in den USA wohl das Journal of Finance am bedeutsamsten), in der die deutschen Forscher ebenfalls vergleichsweise mehr NPO-Beiträge in den A-BWL-Zeitschriften vorzuweisen haben.

Ergebnis 5:
Im prozentualen Vergleich zu den USA liegt in den deutschen NPO-Forschungsbeiträgen ein deutlicher Schwerpunkt auf den Funktionen Rechnungswesen/Controlling/Accounting (+ 7,1 %), Marketing (+ 7,6 %) sowie Finanzmanagement (+ 5,4 %). Dieser Unterschied erklärt sich primär aus der Tatsache, dass NPO in Deutschland eher durch staatliche Mittel finanziert werden und somit das Management und das Finanzcontrolling einerseits sowie die Generierung privater Mittel mittels Marketingmaßnahmen andererseits von hohem Interesse sind.

An fünfter Stelle der deutschen NPO-Forschung stehen Forschungsbeiträge zur BWL-Funktion *Organisation*, auf die noch 9,4 Prozent (6 Artikel) entfallen, während in der US-amerikanischen Forschung insgesamt 25 Beiträge (14,8 %) veröffentlicht wurden. Eine Dominanz der US-amerikanischen Forschung besteht auch in Bezug auf die Funktion *Produktion*, im vorliegenden Kontext verstanden als Gestaltung und Optimierung von NPO-Leistungsprozessen, auf die 15 US-amerikanische Beiträge (8,9 %), jedoch kein einziger deutscher NPO-Beitrag entfallen. Betrachtet man die Inhalte bzw. Titel der organisationsbezogenen Beiträge genauer, so finden sich neben klassischen aufbauorganisatorischen Fragestellungen häufig auch ablaufbezogene Themen, die sich mit der Organisation von Leistungsprozessen beschäftigen. Das Thema „Dienstleistungsprozesse" kann insofern als Schnittstellenproblematik der Funktionen Organisation und Produktion angesehen werden. Die Notwendigkeit einer intensiveren Auseinandersetzung mit Dienstleistungsprozessen wird in jüngster Zeit ebenfalls in der deutschen Dienstleistungsforschung hervorgehoben (Fließ, 2006), sodass sich der Unterschied zwischen dem Anteil der NPO-Forschung in Deutschland und den USA möglicherweise mit einer aktuell bestehenden Themenführerschaft der USA in Bezug auf Dienstleistungsprozesse erklären lässt.

Ergebnis 6:
In den US-amerikanischen NPO-Forschungsbeiträgen ist im Vergleich zur deutschen NPO-Forschung ein deutlicher Schwerpunkt in Bezug auf die Funktionen Organisation und Produktion feststellbar. Der Unterschied in beiden Kulturräumen deutet auf eine inhaltliche Themenführerschaft der US-amerikanischen NPO-Forschenden in Bezug auf das Thema „Organisation, Gestaltung und Optimierung von Dienstleistungsprozessen" hin.

Mit einem bis zwei NPO-Beiträgen kann in der deutschen NPO-Forschung in Bezug auf die Funktionen *Informationsmanagement* (2 Artikel, 3,1 %), *Materialwirtschaft* (0 %) und *Produktion* (0 %) nicht mehr von inhaltlichen Schwerpunkten gesprochen werden. Im Vergleich zu den US-Zeitschriften zeigt sich, dass die dortige NPO-Forschung insgesamt breiter ausgerichtet ist, weil hier zu allen BWL-Funktionen Artikel publiziert wurden. Die Erkenntnis einer größeren Breite an betriebswirtschaftlichen Funktionen in der US-amerikanischen NPO-Forschung wird zudem durch das Ergebnis gestützt, dass im analysierten deutschen Schrifttum drei Disziplinen rund 63 Prozent der Arbeiten auf sich vereinen, während die Verteilung der identifizierten NPO-Beiträge in den US-amerikanischen Zeitschriften auf die betriebswirtschaftlichen Funktionen etwas gleichmäßiger ist. Im Gegensatz zu den deutschen Forschungsbeiträgen (2 Artikel, 3,1 %) wurde in den US-amerikanischen Zeitschriften eine vergleichsweise hohe Anzahl von 27 Artikeln (16,0 %) identifiziert, die sich keiner „klassischen" betriebswirtschaftlichen Funktion eindeutig zuordnen lassen (*Sonstiges*). Hierunter finden sich zumeist Publikationen, die sich mit der Relevanz universitärer Forschung auseinandersetzen und somit eher eine Selbstreflexion der Forschenden darstellen. Das siebte Ergebnis lautet zusammenfassend:

Ergebnis 7:
In den US-amerikanischen NPO-Beiträgen wird im Vergleich zu den deutschen Forschungsbeiträgen eine größere Breite an betriebswirtschaftlichen Funktionen abgedeckt.

Ob dies generell auch auf die NPO-Forschungsbeiträge im Zusammenhang mit *Corporate Social Responsibility* zutrifft, wurde in einem weiteren Schritt der Literaturanalyse untersucht. Viele NPO suchen im Rahmen ihres Leistungsauftrags bewusst die Kooperation mit gewinnorientierten Unternehmen, um ihren gesellschaftlichen Auftrag besser erfüllen zu können. Die Vorteile einer solchen Kooperation aus Sicht der NPO bestehen u. a. in der Verstärkung der Medienpräsenz und des i. d. R. höheren finanziellen Budgets zur Realisierung sozialer und gesellschaftlicher Projekte und Initiativen (vgl. insbesondere Porter/ Kramer, 2002, 2006). Die Wahrnehmung von gesellschaftlicher Verantwortung durch Unternehmen im Rahmen von CSR erfolgt somit häufig in der Wechselwirkung mit Nonprofit-Organisationen, wobei drei Ebenen der gesellschaftlichen Verantwortung unterschieden werden können (Hansen/Schrader, 2005, S. 377). Erstens das enge Verständnis einer „CSR im Kerngeschäft", bei dem es beispielsweise um die Einhaltung von Arbeitsbedingungen, Umweltschutz sowie sozial-ökologische Standards für Zulieferer geht. Dies ist denn auch die klassische Ebene der betriebswirtschaftlichen Auseinandersetzung, bei der die Argumentation pro bzw. contra CSR primär aus Unternehmenssicht geführt wird. Eine zweite Ebene betrifft „CSR in der Zivilgesellschaft", die eine deutlich stärkere Wechselwirkung zwischen Unternehmen und NPO beinhaltet. Thematisch lässt sich hier einerseits das Thema „Corporate Giving" einordnen, bei dem sich Unternehmen an Spendenaktionen von NPO beteiligen, oder andererseits das Thema „Corporate Volunteering" nennen, bei dem Mitarbeiter des Unternehmens die Möglichkeit erhalten, sich in sozialen Projekten von NPO freiwillig, jedoch im Rahmen der vom Unternehmen bezahlten Arbeitszeit, zu engagieren. Die Intensität der Kooperation und des Dialogs zwischen Unternehmen und NPO fällt folglich – je nach betrachteter Ebene – unterschiedlich aus. Während bei der Umsetzung von CSR im Kerngeschäft die NPO (wenn überhaupt) eher als Berater hinzugezogen werden, nehmen Sie auf der zweiten Ebene eine aktivere Rolle ein. Beispielsweise muss eine NPO im Rahmen von „Corporate Volunteering" einen guten Informationsstand zum beteiligten Unternehmen aufweisen und sich intensiv mit den freiwilligen Helfern auseinandersetzen bzw. diese in geeignete Projekte der NPO integrieren. Die dritte Ebene schließlich betrifft „CSR für die Rahmenordnung", wie beispielsweise gesellschaftsorientiertes Lobbying von Unternehmen oder die Mitarbeit des Unternehmens an freiwilligen Regulierungen. Auf dieser Ebene agieren Unternehmen und NPO meist als Dialogpartner.

Die Auswertung der deutschsprachigen NPO-Forschungsbeiträge im Hinblick auf CSR relevante Forschungsaspekte ergab, dass von den 64 untersuchten Beiträgen des Zeitraums 1990 bis 2005 lediglich zwei Publikationen das Thema Corporate Social Responsibility einnehmen und auch bewusst die drei unterschiedlichen Ebenen von Corporate Social Responsibility betrachten (Hansen et al. 1993; Hansen/Schrader, 2005). Der erste Beitrag von *Hansen* et al. (1993) nimmt noch etwas stärker die Unternehmensperspektive ein, indem diskutiert wird, ob ein Unternehmenstest bei dem die soziale und ökologische Verantwortung von Unternehmen durch externe, neutrale Stellen analysiert wird, ein geeignetes Instrument ist, um das sozial-ökologisch verantwortliche Handeln in Märkten zu fördern. Allerdings wird in diesem Beitrag auch die Wechselwirkung zu NPO deutlich, da diese die geforderte externe Evaluationsstelle für einen solchen Unternehmenstest darstellen könnten. Der zweite deutschsprachige Beitrag von *Hansen/Schrader* (2005) mit dem Titel „Corporate Social Responsibility als aktuelles Thema der Betriebswirtschaftslehre" stellt die bereits angesprochen drei Ebenen von CSR explizit heraus (Hansen/Schrader, 2005, S. 377) und erweitert somit die betriebswirtschaftliche Diskussion zu CSR um die Notwendigkeit, beide Perspektiven (die Unternehmens- und die NPO-Perspektive) zu berücksichtigen. Für die deutschsprachige NPO-Forschung im A-BWL Schrifttum kann somit festgehalten werden, dass Untersuchungen zu CSR, die bewusst die NPO-Perspektive oder auch beide Perspektiven integrativ untersuchen, bislang fehlen.

In den U.S.-amerikanischen Zeitschriften zeigte sich ein ähnliches Bild. Hier wurde von den 169 untersuchten NPO-Forschungsbeiträgen in den Zeitschriften *Academy of Management Journal* und *Management Science* kein Beitrag identifiziert, der CSR im umfassenden Sinne in der Wechselwirkung zwischen Unternehmen und NPO untersucht. Es finden sich zwar einige Beiträge zu CSR im Kerngeschäft, diese nehmen jedoch ausschließlich die Unternehmensperspektive ein (z. B. Bansal/Roth, 2000) und wurden daher nicht als NPO-Forschungsbeitrag klassifiziert. Lediglich in den aktuellen US-amerikanischen Publikationen anderer Zeitschriften (z. B. Business Ethics) wird explizit auf die Notwendigkeit eines verstärkten „stakeholder dialogue and organisational learning: changing relationships between companies and NGOs" (Burchell/Cook, 2008) im Zusammenhang mit CSR hingewiesen.

Ergebnis 8:
Fragen zur Kooperation und Interaktion zwischen Nonprofit-Organisationen und gewinnorientierten Unternehmen im Rahmen von Corporate Social Responsibility-Initiativen sind sowohl in der deutschsprachigen als auch in der US-amerikanischen NPO-Forschung bislang vernachlässigt worden.

Über die bislang diskutierten Erkenntnisse hinaus ist bei der Analyse der Forschungsbeiträge deutlich geworden, dass in den US-amerikanischen Beiträgen der NPO-Aspekt bei weitem nicht so stark in den Vordergrund gerückt wird, wie das bei den deutschen Veröffentlichungen der Fall ist. So kann man bei den Artikeln in AMJ sowie ManSc in der

Regel nicht bereits aus dem Titel des Beitrags erkennen, dass es sich um eine nonprofitorientierte Publikation handelt.[11] Dies lässt die Interpretation zu, dass es in den US-amerikanischen Zeitschriften weniger üblich ist, den NPO-Aspekt in den Vordergrund zu stellen. Vielmehr empfiehlt es sich offensichtlich für einen Wissenschaftler, der in einer solchen Zeitschrift publizieren möchte, das funktionsspezifische Problem seiner Arbeit in den Mittelpunkt der Betrachtung zu stellen, während der branchenspezifische NPO-Aspekt in den Hintergrund rückt. So fungiert ein NPO-Sample im Rahmen einer empirischen Studie beispielsweise lediglich als Anwendung des allgemein-betriebswirtschaftlich interessierenden Problems. Dies sollte als Randbemerkung ggf. in den Publikationsstrategien der deutschsprachigen NPO-Forschenden berücksichtigt werden.

E. Vergleich anhand der Objektdimension

Die Verteilung der 233 Beiträge auf die zwölf *ICNPO-Gruppen* präsentiert Tabelle 2, wobei mit dem im US-amerikanischen Schrifttum verwendeten Ausdruck „Gruppe" im Kern eine bestimmte NPO-Branche sowie die innerhalb dieser Branche agierenden Institutionen gemeint ist. Der Schwerpunkt der NPO-Beiträge im analysierten deutschen Schrifttum liegt mit 53,1 Prozent (34 Artikel) deutlich auf der Gruppe *Education & Research*, die in den untersuchten US-amerikanischen A-BWL-Zeitschriften mit 33,7 Prozent (57 Beiträgen) ebenfalls stark im Forschungsinteresse steht. Die hohe Anzahl von NPO-Beiträgen in dieser ICNPO-Gruppe ist vermutlich darauf zurückzuführen, dass es sich um diejenige NPO-Branche handelt, zu der sich die entsprechenden Autoren selber zugehörig fühlen und somit per se ein hohes Interesse an Themen rund um Universitäten bzw. um Lehre und Forschung besteht.

Tab. 2. Aufteilung der NPO-Artikel gemäß International Classification of Nonprofit Organizations (ICNPO)

ICNPO-Gruppen	Deutsche Zeitschriften (abs.)	Deutsche Zeitschriften [%]	US-amerikan. Zeitschriften (abs.)	US-amerikan. Zeitschriften [%]
Education & Research	34	53,1 %	57	33,7 %
Health	12	18,7 %	68	40,2 %
Philanthropic I. & Voluntarism P.	5	7,8 %	2	1,2 %
Culture & Recreation	3	4,7 %	6	3,6 %
Environment	3	4,7 %	6	3,6 %
Development & Housing	1	1,6 %	2	1,2 %
Law, Advocacy, & Politics	1	1,6 %	8	4,7 %
Business & Prof. Associations, Unions	1	1,6 %	9	5,3 %
Social Services	0	0 %	5	3,0 %
International	0	0 %	0	0 %
Religion	0	0 %	0	0 %
Not Elsewhere Classified	4	6,2 %	6	3,6 %
Insgesamt	**64**	**100 %**	**169**	**100 %**

Ferner ist aus Tabelle 2 ersichtlich, dass Fragen im Zusammenhang mit dem *Gesundheitswesen*, insbesondere zum Management von Krankenhäusern, in beiden Kulturräumen von starkem Interesse sind. Damit wird die NPO-Managementforschung der steigenden Bedeutung dieses Sektors gerecht (Helmig, 2005). Während jedoch im deutschen Schrifttum (18,7 %, 12 Artikel) mehrheitlich über die Frage der Finanzierung und der Effizienz des Gesundheitssystems im Rahmen einer Gesundheitsreform diskutiert wird, steht im US-amerikanischen Raum eher die Frage des Aufbaus eines umfassenden Gesundheitssystems und eines innovativen Leistungsangebots im Zentrum der Diskussion. Der im Vergleich zum deutschen Schrifttum rund doppelt so hohe Anteil an US-amerikanischen Forschungsbeiträgen (40,2 %, 68 Artikel) unterstreicht die besondere Bedeutung und Aktualität des Themas in den USA.

Die deutlichen Forschungsschwerpunkte im Bereich Bildung & Forschung sowie Gesundheitsmanagement lassen sich mit den unterschiedlichen Finanzierungsquellen und Trägerschaften (öffentliche, gemischtwirtschaftliche oder sogar private) erklären. Während es sich bei den in Deutschland identifizierten Untersuchungen primär um solche in öffentlichen Krankenhäusern handelt und somit die staatliche Mittelknappheit Relevanz erhält, werden in den USA häufig um „Quasi Non Governmental Organizations" (Quangos) betrachtet, die zwar öffentliche Aufgaben wahrnehmen, jedoch privatrechtlich organisiert sind. An dieser Stelle könnte sogar vermutet werden, dass in den betrachteten US-Studien auch rein private Trägerschaften und somit Krankenhäuser mit Gewinnabsicht als Untersuchungsobjekte gedient haben könnten. Wäre dies der Fall, so dürften diese Studien nicht als NPO-Forschung aufgeführt werden und in der Folge läge der prozentuale Anteil in dieser ICNPO-Kategorie ggf. etwas niedriger. Nach der erneuten Durchsicht der relevanten US-Untersuchungen zu diesem Punkt lässt sich jedoch festhalten, dass sich in den dortigen Textabschnitten zur Branchenauswahl keine Hinweise auf rein private, gewinnorientierte Krankenhäuser finden lassen, was eine Integration der Beiträge in die vorliegende Analyse zur Folge haben muss.

Alle weiteren ICNPO-Gruppen weisen für die deutsche und die US-amerikanische NPO-Forschung eine sehr geringe Anzahl an Beiträgen auf (zwischen 0 und 10 Artikel), sodass eigentlich nicht mehr von objektbezogenen Schwerpunkten gesprochen werden kann. Mit insgesamt fünf Beiträgen (7,8 %) liegt die Gruppe *Philanthropic Intermediaries & Voluntarism Promotion* immerhin noch auf dem dritten Platz der deutschen NPO-Forschung, während für die US-amerikanische NPO-Forschung nur zwei Artikel (1,2 %) identifiziert wurden. Hierbei handelt es sich hauptsächlich um Beiträge zum Stiftungsmanagement. Auf den ersten Blick erscheint die höhere Anzahl an deutschen Stiftungsbeiträgen im Widerspruch mit der Wahrnehmung der breiten Öffentlichkeit zu stehen, nach der die großen bzw. bekannten Stiftungen (z. B. Bill Gates Foundation; Coca Cola Foundation) eher in den USA zu finden sind (vgl. Anheier, 2006) und folglich die Forschungstätigkeit zum Thema Stiftungsmanagement in der US-amerikanischen NPO-Forschung intensiver ausfallen müsste. Verstärkt wird dieses Argument durch die Tatsache, dass die Kultur des Spendens aufgrund des wesentlich grobmaschigeren sozialen Netzes in den USA tendenziell stärker ausgeprägt ist. Aus den diskutierten kulturellen Unterschieden müsste folglich in den USA ein tendenziell höheres öffentliches Interesse am Thema Ausschüttung/Beantragung von Stiftungsgeldern sowie Verwendung von Stiftungsgeldern bestehen. Eine Erklärung dafür, dass sich diese Vermutung nicht in den Ergebnissen der Publikationsanalyse widerspiegelt, könnte darin bestehen, dass das Thema Stiftungsmanagement von den Forschenden als ein Kernthema des Nonprofit Management i. e. S. betrachtet wird und Beiträge in der Folge eher in den spezifischen Fachzeitschriften „Nonprofit Management & Leadership" oder „Voluntas – International Journal of Voluntary and Nonprofit Organizations" eingereicht und veröffentlicht werden (vgl. Toepler, 1998; Carman, 2001).

Ergebnis 9:
Die tendenziell eher staatsnahen ICNPO-Gruppen Education & Research sowie Health werden sowohl in der deutschen NPO-Forschung mit zusammen 71,8 Prozent als auch in der US-amerikanischen NPO-Forschung mit 73,9 Prozent überproportional häufig untersucht, während die übrigen zehn ICNPO-Gruppen in den zentralen Publikationsorganen der A-BWL in beiden Kulturräumen bislang nur wenig bis gar nicht betrachtet werden. Die Gemeinsamkeit einer Schwerpunktlegung auf die Forschungsobjekte Universitäten und Krankenhäuser lässt sich mit der stark zunehmenden Beschäftigungsentwicklung im Gesundheits- und Bildungswesen erklären. Hinzu kommt das hohe Interesse von Forschenden an der eigenen Branche im Sinne einer Selbstreflexion.

F. Vergleich anhand der methodologischen Dimension

Beim Vergleich der NPO-Forschung in Bezug darauf, ob ein Beitrag rein theoretischer Natur ist (theoretischer Beitrag) oder ob die dargestellten Theorien und Hypothesen auch empirisch überprüft werden (empirischer Beitrag), bestätigte sich die auch generell zu beobachtende Tatsache, dass die im Rahmen der vorliegenden Publikationsanalyse beleuchteten US-amerikanischen Forschungsaktivitäten stärker empirisch ausgerichtet sind. Die Betrachtung der methodologischen Dimension ergab, dass von den 64 deutschen NPO-Beiträgen 37 Artikel theoretischer (57,8 %) und 27 Artikel (42,2 %) empirischer Art sind. Unter Berücksichtigung des zeitlichen Ablaufs zeigt sich ferner eine Intensivierung der empirischen Arbeiten für die Jahre 2004/2005 mit vier bzw. sieben empirischen Untersuchungen, während im Zeitraum 1990 bis 2003 nie mehr als drei empirische NPO-Beiträge pro Jahr publiziert wurden. Wenig überraschend fällt der Anteil empirischer Arbeiten in den US-amerikanischen Zeitschriften im Vergleich zu den deutschen Beiträgen mit 84,6 Prozent (143 empirische und 26 theoretische NPO-Beiträge) nahezu doppelt so hoch aus (vgl. Fassnacht/Homburg, 2001).

Bei der Interpretation dieser Ergebnisse sind jedoch wissenschafts-kulturelle Unterschiede zu berücksichtigen. Diese beziehen sich beispielsweise auf die Grundsätze bzw. „Mission Statements" der Herausgeber zur Veröffentlichung von Manuskripten in den jeweiligen deutschen und US-amerikanischen Zeitschriften. Während beispielsweise im Mission Statement der hier ausgewerteten Zeitschrift „Academy of Management Journal" ausdrücklich auf die Anforderung eines theoretischen und empirischen Erkenntnisgewinns eines Manuskripts hingewiesen wird,[12] inden sich in den Grundsätzen der analysierten deutschen betriebswirtschaftlichen Zeitschriften keine derartigen Hinweise. Zudem hat das empirische Arbeiten in den USA eine weitaus längere Tradition, wohingegen in der deutschen A-BWL traditionell auch der grundlegenden theoretischen Durchdringung betriebswirtschaftlicher Sachverhalte große Aufmerksamkeit geschenkt wird.

Vertiefende Betrachtungen zu den verwendeten Datenanalysemethoden wurden im Rahmen dieser Publikationsanalyse lediglich für die deutschen NPO-Beiträge vorgenommen. Hier zeigte sich, dass in 15 Beiträgen deskriptive (Häufigkeitsanalysen und Mittelwertvergleiche) sowie in 12 Beiträgen bi- oder multivariate Verfahren (z. B. lineare oder multiple Regressionsanalyse, Korrelationsanalyse, Diskriminanzanalyse, Data-Envelopment-Analysis oder Kovarianzstrukturanalyse; letztgenannte jedoch lediglich in zwei Artikeln) zum Einsatz gelangten. Angesichts der Heterogenität des NPO-Sektors und fehlender primärstatistischer Daten, zum Beispiel existieren für die Schweiz bislang noch keinerlei Informationen zur Größe des NPO-Sektors oder zur Anzahl der Beschäftigten, ist es nachvollziehbar, dass zunächst theoretische Grundlagenarbeiten bzw. explorative Studien erfolgen. Eine quantitative Beschreibung und Durchdringung des NPO-Sektors ist jedoch gleichermaßen erforderlich. Das Ergebnis zur methodologischen Dimension lautet unter Berücksichtigung der oben genannten Einschränkungen:

Ergebnis 10:
Die deutschen Forschungsbeiträge zum Nonprofit-Management weisen im Vergleich zu den US-amerikanischen Forschungsbeiträgen einen deutlich geringeren Anteil an empirischen Untersuchungen auf (42,2 % versus 84,6 %). Erklärt werden kann dieser Unterschied mit der längeren Tradition der USA in Bezug auf empirische Arbeiten, die sich auch in den Grundsätzen der US-Zeitschriften zur Einreichung von Manuskripten niederschlagen.

G. Zusammenfassung und Grenzen der Arbeit sowie Implikationen für zukünftige NPO-Forschungsbeiträge

I. Zusammenfassung der Forschungsergebnisse

Im Rahmen der vorgestellten Publikationsanalyse sollte zunächst der *Stellenwert* der deutschen und der US-amerikanischen Nonprofit-Forschung innerhalb der A-BWL bestimmt sowie Unterschiede und Gemeinsamkeiten erklärt werden. Nach der Analyse der 64 deutschen sowie 169 US-amerikanischen NPO-Beiträge zeigte sich, dass im Untersuchungszeitraum 1990 bis 2005 die NPO-Forschung innerhalb der allgemeinen Betriebswirtschaftslehre in US-amerikanischen Zeitschriften einen mehr als doppelt so hohen Stellenwert einnimmt (6,0 %), als in den untersuchten deutschen Zeitschriften (2,8 %). Die regressionsanalytisch berechneten Trendlinien zeigten für beide Kulturräume einen im Zeitablauf zunehmenden Stellenwert der NPO-Forschung innerhalb der allgemeinen Betriebswirtschaftslehre. Der höhere Stellenwert der NPO-Forschung in den USA wird auf eine längere NPO-Tradition zurückgeführt, die sich historisch dadurch erklärt, dass die USA im Vergleich zu Deutschland wesentlich früher Wettbewerbssituationen ausgesetzt waren, während NPO in Deutschland mehrheitlich staatlich finanziert wurden.

Zweitens zielte die Untersuchung darauf ab, die *Schwerpunkte der NPO-Forschung* in Deutschland und in den USA zu bestimmen und mögliche Unterschiede und Gemeinsamkeiten in der Schwerpunktlegung beider Länder zu erklären. Die Auswertungen zur *Inhaltsdimension* ergaben, dass in beiden Kulturräumen eine intensive Auseinandersetzung zu den A-BWL Funktionen Unternehmenspolitik und Personalmanagement stattfindet, die sich primär aus den Besonderheiten des Management von NPO ableiten lässt. Der Vergleich zeigte weiterhin, dass der Anteil an Beiträgen zu den Funktionen Rechnungswesen/Controlling/Accounting, Marketing sowie Finanzmanagement in der deutschen NPO-Forschung deutlich höher ausfällt. Dies lässt sich wiederum auf die primär staatliche Finanzierung von NPO in Deutschland zurückführen. Für die US-amerikanische NPO-Forschung wurde hingegen ein deutlich höherer Anteil an Beiträgen zu den Funktionen Organisation und Produktion, insbesondere mit Bezug zum Thema Dienstleistungsprozesse, festgestellt. Es wird vermutet, dass die USA in diesem Themengebiet derzeit noch eine Themenführerschaft ausübt. Ferner ergab die Untersuchung, dass die US-amerikanische NPO-Forschung eine größere Breite an betriebswirtschaftlichen Funktionen untersucht. Weiterhin konnte festgestellt werden, dass in den US-amerikanischen Publikationen der NPO-Aspekt weniger stark betont wird, sondern vielmehr auf das betriebswirtschaftliche Problem im Allgemeinen abgezielt wird.

In Bezug auf die *Schwerpunktlegung bei der Wahl des Forschungsobjektes* zeigt die Analyse eine überproportionale Vertretung der ICNPO-Gruppen Education & Research sowie Health im Allgemeinen bzw. der Objekte Universitäten und Krankenhäuser im Besonderen. In der deutschen NPO-Forschung entfallen auf diese beiden Gruppen insgesamt 71,8 Prozent aller NPO-Beiträge. In der US-amerikanischen NPO-Forschung beträgt der Anteil sogar 73,9 Prozent. Festzuhalten ist, dass insgesamt 10 ICNPO-Gruppen existieren, zu denen in beiden Kulturräumen bislang nur wenig bis gar keine NPO-Beiträge in hier analysierten Organen der A-BWL veröffentlicht wurden.

Die Auswertungen zu den *methodologischen Schwerpunkten* ergab abschließend und wissenschafts-kulturell wenig überraschend, dass die US-amerikanische NPO-Forschung eine deutlich stärkere empirische Ausrichtung aufweist (deutsche, empirische NPO-Forschung 42,2 %; US-amerikanische, empirische NPO-Forschung 84,6 %).

II. Grenzen der Untersuchung

Naturgemäß hat die Aussagekraft der hier vorgenommenen Publikationsanalyse ihre Grenzen. Eine der zentralen Limitationen der Untersuchung liegt in der bereits in Abschnitt D diskutierten *Zuordnung der Beiträge zu jeweils nur einer einzigen betriebswirtschaftlichen Funktion und jeweils nur einer einzigen NPO-Branche*. In diesem Zusammenhang ist anzumerken, dass zwar eine hohe Übereinstimmung beider Verfasser bei der Zuordnung der NPO-Beiträge bestand, die Zuordnung jedoch zwangsläufig dadurch beeinflusst wurde, dass die Verfasser ein und derselben betriebswirtschaftlichen Funktion zugehörig sind. Eine grundsätzliche Grenze der Untersuchung besteht folglich darin, dass Betriebswirtschaftler mit anderen Themenschwerpunkten oder Forschende außerhalb der BWL aufgrund bestehender fachspezifischer Ansichten vermutlich teilweise andere Zuordnungen vorgenommen hätten. Bei Klassifikationen der hier vorgenommenen Art ist ein gewisser Grad an Subjektivität jedoch unvermeidbar.

Eine weitere Grenze der Untersuchung liegt in der *Konzentration auf die fünf ausgewählten A-BWL-Zeitschriften* innerhalb des weitaus reichhaltigeren betriebswirtschaftlichen Schrifttums. Sicherlich hätte die Berücksichtigung weiterer deutschsprachiger (z. B. Die Unternehmung, Journal für Betriebswirtschaft und/oder Betriebswirtschaftliche

Forschung und Praxis) und englischsprachiger A-BWL-Zeitschriften (z. B. Academy of Management Review, Journal of Management Studies, Journal of Business) einen weiteren Erkenntnisgewinn versprochen.

Darüber hinaus gibt es eine Vielzahl von *funktional orientierten betriebswirtschaftlichen Fachzeitschriften*, in denen ebenfalls NPO-Forschungsbeiträge publiziert werden, sowie *zahlreiche NPO-Fachzeitschriften*, die ebenfalls noch hätten berücksichtigt werden können (vgl. hierzu Endnote 2). Die hier vorgelegte Sichtung von 5'111 Beiträgen liegt im Vergleich zu anderen Publikationsanalysen eher am oberen Limit eines effizienten Einsatzes von Forschungsressourcen, sodass auf eine Ausweitung der Publikationsauswahl verzichtet wurde. Will man sich inhaltlich ein noch differenzierteres Bild der NPO-Managementforschung machen, so erscheint es für zukünftige Publikationsanalysen angebracht, NPO-Beiträge in den oben angesprochenen Zeitschriften einer Analyse zu unterziehen.

Letztlich besteht eine Grenze der vorliegenden Arbeit auch in der *Beschränkung auf vier Analysedimensionen*. Beispielsweise hätte die zeitliche Dimension noch intensiver analysiert werden können, um herauszufinden, wie sich die Themengebiete im deutschen und im US-amerikanischen Raum über die Zeit entwickelt haben und ob die eine oder andere Community eine Themenführerschaft ausübt (Fassnacht/Homburg, 2001). Eine solche weitere Differenzierung der Betrachtungsdimensionen wurde hier ebenfalls unterlassen, um den Rahmen der vorliegenden Arbeit nicht zu sprengen.

III. Implikationen für zukünftige NPO-Forschungsbeiträge

Auf Basis der generierten Ergebnisse der Publikationsanalyse konnten einige Themenfelder innerhalb des A-BWL-Schrifttums identifiziert werden, zu denen wenige bis keine NPO-Beiträge publiziert wurden, bzw. solche, die in den US-amerikanischen Forschungsbeiträgen der vergleichbaren Zeitschriften relativ gesehen stärker untersucht wurden. Im Folgenden wird für die oben angesprochenen Fälle der Ausdruck *publikationsbasierte Forschungslücke* verwendet, aus der jeweils konkrete Hinweise für zukünftige NPO-Forschungsarbeiten abgeleitet werden.

Der Anteil von 2,8 Prozent (64 Artikel) und damit der Stellenwert betriebswirtschaftlicher NPO-Forschungsbeiträge in den analysierten deutschen Zeitschriften ist – gemessen an der Bedeutung des NPO-Sektors – eher als gering zu erachten (*publikationsbasierte Forschungslücke 1*). Insofern gilt als Hinweis für zukünftige Forschungsbeiträge zunächst generell, dass es wünschenswert wäre, wenn zukünftig mehr NPO-Beiträge in A-BWL-Zeitschriften veröffentlicht würden. Diese Forderung gilt umso mehr, als hinreichend bekannt und allgemein anerkannt ist, dass die Managementkonzepte und -instrumente des erwerbswirtschaftlichen Bereiches nicht ohne NPO-spezifische Adaption übernommen werden können, beispielsweise weil in vielen „NPO-Branchen" Marktmechanismen nur eingeschränkt funktionieren oder sogar gänzlich fehlen.

Darüber hinaus erbrachte die Analyse, dass insbesondere die Funktionsbereiche Organisation und (Dienstleistungs-)Produktion in den hier betrachteten deutschen Forschungsbeiträgen im Vergleich zu den US-amerikanischen Forschungsbeiträgen deutlich unterrepräsentiert sind (*publikationsbasierte Forschungslücke 2*). Geht man vereinfachend davon aus, dass die US-amerikanische Managementforschung eine „Themenführerschaft" ausübt, so ist den deutschen NPO-Forschenden anzuraten, eben diesen Fachgebieten verstärkte Aufmerksamkeit zu widmen, denn diese sind augenscheinlich für die gesamte „BWL-Community" interessant. Zudem erlangen Publikationen mit Bezug zu einer bestimmten Branche ja vor allem dann größere Aufmerksamkeit, wenn nicht nur die eigene (funktions- wie auch branchenspezifische), sondern die gesamte „Scientific Community" Kenntnis davon nimmt. Und das ist wohl am ehesten gewährleistet, wenn man als Wissenschaftler in denjenigen Fachzeitschriften publiziert, die potenziell von allen Kollegen – in diesem Falle Betriebswirtschaftlern – gelesen werden. Neben den oben genannten bieten sich aber auch andere betriebswirtschaftliche Funktionen für zukünftige NPO-Untersuchungen an, wie beispielsweise die Funktionen Finanz- oder Informationsmanagement, die bislang in den untersuchten deutschen A-BWL-Zeitschriften unterrepräsentiert erscheinen. Hinsichtlich der besonderen Berücksichtigung des Themas Corporate Social Responsibility ist festzuhalten, dass Publikationsbeiträge, die die Kooperationsbeziehungen von gewinnorientierten Unternehmen und Nonprofit-Organisationen im Rahmen von CSR untersuchen und somit ein umfassendes, strategisches Verständnis von CSR einnehmen, bislang nur vereinzelt (insb. Hansen/Schrader, 2005) vorliegen, sodass sich auch in dieser Hinsicht eine weitere Möglichkeit für weiterführende Forschungsarbeiten ergibt *(publikationsbasierte Forschungslücke 3)*.

Hinsichtlich der untersuchten *ICNPO-Gruppen bzw. -Institutionen* ergibt sich ebenfalls eine Vielzahl von Ansatzpunkten für zukünftige Forschungstätigkeiten. Zum Beispiel fehlen weitgehend Forschungsarbeiten zum Management von Stiftungen, Kulturbetrieben, Umweltorganisationen, sozialen Organisationen, rechtlichen/politischen Organisationen oder auch (Berufs-) Verbänden, die – trotz der langen Tradition der deutschen Verbandsbetriebslehre – im A-BWL-Schrifttum bislang ebenfalls unterrepräsentiert sind *(publikationsbasierte Forschungslücke 4)*. Ferner liegen hier auch noch keinerlei Arbeiten zu international tätigen NPO sowie kirchlichen Organisationen vor, sodass in Bezug auf diese Institutionen vielfältige Ansatzpunkte für zukünftige Forschungsaktivitäten vorhanden sind.

Methodisch gesehen ist es – neben der generellen Aufforderung, vermehrt auch empirische Untersuchungen durchzuführen *(publikationsbasierte Forschungslücke 5)* – insbesondere auch wünschenswert, kausale Zusammenhänge, beispielsweise zwischen dem Einsatz von Management-Instrumenten und dem Organisationserfolg von NPO zu ermitteln, da bislang eher explorative und deskriptive Forschungsansätze vorzufinden sind.

Während also einzelne Teilbereiche des NPO-Management in den drei untersuchten A-BWL-Zeitschriften bereits recht umfassend diskutiert wurden, ist eine Vielzahl von Themengebieten und Organisationstypen bislang noch wenig behandelt worden. Nach Ansicht der Verfasser eröffnet sich hier eine Chance für die deutsche NPO-Managementforschung. Da die im US-amerikanischen Raum publizierenden Wissenschaftler wesentlich stärker spezialisiert sind als die deutschen Forscher, können deutsche NPO-Forschende durch ihren – sowohl in funktionaler, als auch in institutionaler Hinsicht – tendenziell größeren Überblick auch im nationalen A-BWL-, wie aber auch im internationalen Kontext bedeutsame Impulse liefern.

Anhang

Tab. A1. Deutschsprachige NPO-Forschung chronologisch von 1990 bis 2005

Nr.	Autor(en) und Titel des NPO-Beitrags	Zeit-schrift	Inhalt	Objekt	Me-thode
1.	Busch (1990): Integrationskonzepte der Betriebswirtschaftslehre: das Beispiel der Harvard Business School	DBW	Unternehmens-politik	Education & Research	T
2.	Gaugler/Koppert (1990): Die Entwicklung der Hochschullehrerstellen und des wissenschaftlichen Nachwuchses in der Betriebswirtschaftslehre an den wissenschaftlichen Hochschulen im deutschsprachigen Raum	DBW	Personal	Education & Research	E
3.	Jacobs (1990): Strategy Formulation and Implementation for Schools of Management	ZfB	Unternehmens-politik	Education & Research	T
4.	Nowotny (1991): Wirtschafts- und Sozialpartnerschaft in Österreich – Gesamtwirtschaftliche Aspekte und einzelbetriebliche Formen und Effekte	DBW	Sonstiges	Bus. & Prof. Associations, Unions	T
5.	Eichhorn (1991): Krankenhausmanagement	DBW	Unternehmens-politik	Health	T
6.	Brockhoff (1992): Betriebswirtschaftslehre für die neuen Bundesländer	ZfB	Personal	Education & Research	E
7.	Sundem/Williams (1992): Ausbildung auf dem Gebiet des Rechnungswesens für das 21. Jahrhundert: Universitäten in den USA beginnen mit der Durchführung von Veränderungen	DBW	Unternehmens-politik	Education & Research	T
8.	Offermanns (1992): Die personelle Verflechtung im Genossenschaftswesen	ZfB	Personal	Not Elsewhere	E
9.	Hansen et al. (1993): Der Unternehmenstest als Informationsinstrument für ein sozial-ökologisch verantwortliches Wirtschaften	ZfB	Informations-management	Environment	T
10.	Paul (1993): Die Notwendigkeit einer fächerintegrierenden betriebswirtschaftlichen Hochschulausbildung aus der Sicht des Finanzpraktikers	ZfbF	Personal	Education & Research	T
11.	Gaugler/Schneider (1994): Professuren und Habilitationen in der Betriebswirtschaftslehre an den wissenschaftlichen Hochschulen im deutschsprachigen Raum	DBW	Personal	Education & Research	E
12.	White (1994): Swapping Debt for Nature	DBW	Finanzen	Environment	T
13.	Franke/Herrmann (1994): Vererbung von Unternehmensanteilen oder Übertragung auf eine Stiftung: Ein Vergleich der Vermögenswirkungen	ZfbF	Finanzen	Philanthropic I. & Voluntarism	T
14.	Mühlenkamp (1995): Größen- und Verbundvorteile in der Verwaltung der gesetzlichen Krankenversicherung	ZfB	Unternehmens-politik	Health	E
15.	Scharmer (1995): Strategische Führung im Kräftedreieck Wachstum-Beschäftigung-Ökologie	ZfB	Unternehmens-politik	Development & Housing	T

Tab. A1 (Fortsetzung)

Nr.	Autor(en) und Titel des NPO-Beitrags	Zeitschrift	Inhalt	Objekt	Methode
16.	Weber/Kaminski (1995): Zum Promotionsverhalten in der deutschsprachigen Betriebswirtschaftslehre	ZfbF	Personal	Education & Research	E
17.	Neubauer/Zelle (1996): Unternehmensverbindungen und Internationalisierungstendenzen privater Krankenhäuser im Rahmen des Gesundheitsstrukturgesetzes	DBW	Unternehmenspolitik	Health	E
18.	Eichner et al. (1996): Strategisches Abstimmungsverhalten bei Verwendung der Hare-Regel: Irrationalität bei der Vergabe der Olympischen Sommerspiele 1996 an Atlanta?	ZfbF	Unternehmenspolitik	Culture & Recreation	T
19.	Loitlsberger et al. (1996): Betriebswirtschaftslehre und Gemeinschaftsgedanken	ZfB	Unternehmenspolitik	Education & Research	T
20.	Tscheulin/Helmig (1996): Arzt- und Krankenhauswerbung – Rechtliche Grundlagen, „State-of-the-Art" und Direktiven einer effizienten Ausgestaltung	ZfB	Marketing	Health	E
21.	Schneider (1996): Philanthropie und Gratifikationsprinzip – Ein Beitrag zur theoretischen und empirischen Erforschung des Problemfeldes „Spendenmarketing"	ZfbF	Marketing	Philanthropic I. & Voluntarism	T
22.	Hansen et al. (1997): TEACH-Q: Ein valides und handhabbares Instrument zur Bewertung von Vorlesungen	DBW	RW/C/A	Education & Research	E
23.	Müller-Böling (1997): Zur Organisationsstruktur von Universitäten	DBW	Organisation	Education & Research	T
24.	Gaugler/Schneider (1997): Entwicklung von Professuren und Habilitationen in der Betriebswirtschaftslehre an den wissenschaftlichen Hochschulen im deutschsprachigen Raum	DBW	Personal	Education & Research	E
25.	Herrmann (1997): Funktioniert die Unternehmenskontrolle durch Stiftungen?	ZfbF	Unternehmenspolitik	Philanthropic I. & Voluntarism	E
26.	Engels (1997): Verwässerung der Verfügungsrechte in Genossenschaften	ZfbF	Organisation	Not Elsewhere	T
27.	Helmig/Tscheulin (1998): Krankenhausmanagement in der deutschsprachigen betriebswirtschaftlichen Forschung im internationalen Vergleich	ZfB	Unternehmenspolitik	Health	E
28.	Schütte (1998): Wissen, Kompetenzen und Finanzen	DBW	Finanzen	Education & Research	T
29.	Kieser (1998): Going Dutch – Was lehren niederländische Erfahrungen mit der Evaluation universitärer Forschung?	DBW	Unternehmenspolitik	Education & Research	T
30.	Fandel (1998): Funktionalreform der Hochschulleitung	ZfB	Organisation	Education & Research	T
31.	Albers (1999): Optimale Allokation von Hochschul-Budgets	DBW	RW/C/A	Education & Research	T
32.	Gaugler (1999): Förderung des wissenschaftlichen Nachwuchses durch die Hochschulen	ZfB	Personal	Education & Research	T

Tab. A1 (Fortsetzung)

Nr.	Autor(en) und Titel des NPO-Beitrags	Zeitschrift	Inhalt	Objekt	Methode
33.	Franck/Opitz (1999): Hochschulen als „Sortiereinrichtungen" in Humankapitalmärkten	ZfB	Personal	Education & Research	T
34.	Brockhoff (1999): Zum Transfer von Ergebnissen öffentlicher Grundlagenforschung in die Wirtschaft	ZfB	Informationsmanagement	Education & Research	T
35.	Hansen et al. (2000): Qualitätsmanagement von Hochschulen: FACULTY-Q als Erweiterung von TEACH-Q	DBW	Marketing	Education & Research	T
36.	Bayer (2000): Anspruch und Wirklichkeit von Hochschul-Rankings: Vorschlag einer allgemeinen Methodik	DBW	RW/C/A	Education & Research	E
37.	Küpper (2000): Hochschulrechnung auf der Basis von doppelter Buchführung und HGB?	ZfbF	RW/C/A	Education & Research	T
38.	Krönes (2001): Finanzierung von Nonprofit-Organisationen	DBW	Finanzen	Philanthropic I. & Voluntarism	T
39.	Franck/Opitz (2001): Zur Funktion von Studiengebühren angesichts von Informationsasymmetrien auf Humankapitalmärkten	ZfbF	Marketing	Education & Research	T
40.	Helmig/Dietrich (2001): Qualität von Krankenhausleistungen und Kundenbeziehungen	DBW	Marketing	Health	E
41.	Friedl/Ott (2002): Anreizkompatible Gestaltung von Entgeltsystemen für Krankenhäuser	ZfB	Personal	Health	T
42.	Brockhoff (2002): Erhaltung eines Stiftungsvermögens	ZfbF	Finanzen	Philanthropic I. & Voluntarism	T
43.	Fabel et al. (2002): Der relative Vorteil deutscher wirtschaftswissenschaftlicher Fachbereiche im Wettbewerb um studentischen Zuspruch: Qualität des Studiengangs oder des Studienorts?	ZfbF	Unternehmenspolitik	Education & Research	E
44.	Hufnagel/Mühlenkamp (2002): Berechnung von Risikoprämien bei leistungsabhängigen Entgeltsystemen – am Beispiel der geplanten Hochschuldienstrechtsreform	ZfB	Personal	Education & Research	T
45.	Küpper (2002): Konzeption einer Perioden-Erfolgsrechnung für Hochschulen	ZfB	RW/C/A	Education & Research	T
46.	Wolf-Ostermann et al. (2002): Eine empirische Studie zur Organisation und Kosten der Verwaltung im Krankenhaus	ZfB	Organisation	Health	E
47.	Bumbacher (2003): Problematik der Zielgruppenorientierung bei Absatzleistungen von Nonprofit-Organisationen	DBW	Marketing	Not Elsewhere	T
48.	Schneider (2004): Data-Envelopment-Analyse von Landarbeitsgerichten	DBW	RW/C/A	Law, Advocacy & Politics	E
49.	Franck/Opitz (2004): Zur Filterleistung von Hochschulsystemen – Bildungswege von Topmanagern in den USA, Frankreich und Deutschland	ZfbF	Personal	Education & Research	E
50.	Nicolai (2004): Der „trade-off" zwischen „rigour" und „relevance" und seine Konsequenzen für die Managementwissenschaft	ZfB	Unternehmenspolitik	Education & Research	T

Tab. A1 (Fortsetzung)

Nr.	Autor(en) und Titel des NPO-Beitrags	Zeitschrift	Inhalt	Objekt	Methode
51.	Brockhoff (2004): Markteintrittsstrategien bei der Internationalisierung von Hochschulen	DBW	Unternehmenspolitik	Education & Research	T
52.	Weibler/Wald (2004): 10 Jahre personalwirtschaftliche Forschung – Ökonomische Hegemonie und die Krise einer Disziplin	DBW	Personal	Education & Research	E
53.	Eschweiler/Vieth (2004): Preisdeterminanten bei Spieltransfers in der Fußball-Bundesliga	DBW	Marketing	Culture & Recreation	E
54.	Ernst et al. (2004): Kalkulation der Anästhesiekosten eines Klinikums der Maximalversorgung und Einführung der DRG	ZfB	RW/C/A	Health	T
55.	Frese et al. (2004): „Diagnosis Related Groups" (DRG) und kosteneffiziente Steuerungssysteme im Krankenhaus	ZfbF	RW/C/A	Health	T
56.	Wolf et al. (2005): Institution und Forschungsproduktivität	DBW	RW/C/A	Education & Research	E
57.	von der Oelsnitz (2005): „Orangenbäumchen am Plattensee"	DBW	Sonstiges	Education & Research	T
58.	Dyckhoff et al. (2005): Die Wahrnehmung deutschsprachiger Hochschullehrer für Betriebswirtschaft in der internationalen Forschung	DBW	RW/C/A	Education & Research	E
59.	Hansen/Schrader (2005): Corporate Social Responsibility als aktuelles Thema der Betriebswirtschaftslehre	DBW	Unternehmenspolitik	Environment	E
60.	Vera/Foit (2005): Modulare Krankenhausorganisation und Effizienz	ZfB	Organisation	Health	E
61.	Braunstein et al. (2005): Ein Ansatz zur Erklärung der Kundenbindung auf Basis der Theorie des geplanten Verhaltens	ZfbF	Marketing	Culture & Recreation	E
62.	Beyes/Jäger (2005): Erforschung multidiskursiver Organisationen. NPO-Management aus systemtheoretischer Sicht	DBW	Organisation	Not Elsewhere	T
63.	Mandler (2005): Bachelor- und Masterstudiengänge in der BWL. Die Einstellung der Dekane wirtschaftswissenschaftlicher Fachbereiche	ZfbF	Marketing	Education & Research	E
64.	Kuntz/Vera (2005): Auswirkungen der Einführung von interner Leistungsverrechnung auf die Effizienz im Krankenhaus	ZfbF	RW/C/A	Health	E

Legende:
DBW = Die Betriebswirtschaft; ZfbF = Zeitschrift für betriebswirtschaftliche Forschung; ZfB = Zeitschrift für Betriebswirtschaft; RW/C/A = Rechnungswesen/Controlling/Accounting; T = Theoretischer Beitrag; E = Empirischer Beitrag.

Anmerkungen

* Die vorliegende Arbeit wurde durch die großzügige finanzielle Unterstützung des Forschungsfonds der Universität Freiburg Schweiz möglich. Dem Stiftungsrat des Forschungsfonds sei an dieser Stelle herzlich gedankt.

** Für wertvolle Kommentare und Verbesserungsvorschläge zu einer früheren Fassung dieses Beitrages danken die Autoren zwei anonymen ZfB-Gutachtern sowie Herrn Prof. Dr. Joachim Schwalbach. Ferner geht ein diesbezüglicher Dank an die Teilnehmer der Jahrestagung der wissenschaftlichen Kommission Öffentliche BWL vom 19./20.10.2006 in Badenweiler sowie an Prof. Dr. Dr. h. c. Ernst-Bernd Blümle, Prof. Dr. Robert Purtschert, Prof. Dr. Peter Schwarz, Dr. Pascal Schumacher, Dr. Alexander Graf, Dr. Georg von Schnurbein, Patricia Lauper und Beat Hunziker. Für die geleistete Forschungsassistenz sei zudem Frau Karin Tremp gedankt.

1 Bei diesen acht Ländern handelt es sich um Deutschland, Frankreich, Großbritannien, Israel, Japan, Niederlande, Ungarn und die USA (Salamon et al., 1999b, S. 29 f.).

2 Hierzu gehören vor allem: Administrative Science Quarterly (ASQ), Nonprofit and Voluntary Sector Quarterly (NVSQ), Nonprofit Management and Leadership (NML), Voluntas – International Journal of Voluntary and Nonprofit Organizations, Journal of Nonprofit & Public Sector Marketing (JNPSM), International Journal of Nonprofit and Voluntary Sector Marketing (IJNVSM), Journal of Public Policy & Marketing (JPPM) sowie Financial Accountability & Management (FAM).

3 In Deutschland gibt es über die beiden genannten Begriffe „Nonprofit Organisation" und „Not-For-Profit-Organisation" hinaus eine Vielzahl von weiteren Begriffen, mit denen die Wissenschaft und breite Öffentlichkeit die NPO bezeichnet. Hierzu gehören u. a.: Organisationen des Vereinssektors, Organisationen der Bürger- bzw. Zivilgesellschaft, Organisationen des Intermediären Sektors, Nichtregierungsorganisationen (NRG bzw. Nongovernmental Organizations – NGOs), Organisationen des Philanthropischen Sektors, Organisationen des Sozialen Sektors, Organisationen des Dritten Sektors sowie Freiwilligenorganisationen. Die Verwendung dieser Termini in der Wissenschaft ist häufig davon abhängig, welcher Fachdisziplin der Verwender eines Ausdrucks zugehörig ist (Helmig et al., 2004). In der breiten Öffentlichkeit ist hingegen v. a. der Kontext, innerhalb dessen der Begriff angewendet wird, von entscheidender Bedeutung für die Auswahl des Ausdrucks aus der obigen Liste. So werden Entwicklungshilfe- und Umweltschutzorganisationen (wie Greenpeace, World Wildlife Fund oder Ärzte ohne Grenzen) meistens als NGO bezeichnet, während soziale Drittleistungsorganisationen (wie beispielsweise die karitativen Einrichtungen Caritas, Rotes Kreuz oder Altenpflegeorganisationen) eher dem Sozialen Sektor zugerechnet werden.

Der Begriff NGO wird im öffentlichen deutschen Sprachgebrauch (z. B. in Zeitungen) noch vergleichsweise häufig verwendet. Hierunter versteht man jene Nonprofit-Organisationen in privater Trägerschaft, die beispielsweise im (Leistungs-) Auftrag des Staates bestimmte Aufgaben wahrnehmen (z. B. Hilfswerke) oder dominant eigenständig Lobbying und Öffentlichkeitsarbeit im Bereich gesellschaftlicher Politik betreiben (z. B. Greenpeace). Die Wissenschaft hingegen bevorzugt den Terminus NPO, da NGO ein eher noch unschärferer Begriff ist.

4 Unter „Quasi Non Governmental Organizations (QUANGOs)" versteht man solche Organisationen, die grundsätzlich öffentliche (staatliche) Aufgaben wahrnehmen, die aber rechtlich verselbstständigt sind und als Selbstverwaltungskörperschaft oder in privatrechtlicher Form die ausgegliederten (bzw. dem Privatsektor überlassenen) Staatsaufgaben erfüllen. Mit QUANGO soll ausgedrückt werden, dass sich diese Organisationen quasi anders verhalten als staatliche Aufgabenträger (vgl. Schwarz et al., 2005, S. 21 f.).

5 Die drei ausgewählten deutschen Zeitschriften gelten gemeinhin als die am meisten relevanten und vom wissenschaftlichen Niveau her am höchsten stehenden innerhalb der A-BWL. Dies wird nicht nur durch die im Text angegebenen Quellen dokumentiert, sondern auch dadurch, dass DBW, ZfB und ZfbF als einzige deutsche wissenschaftliche A-BWL-Zeitschriften im weithin anerkannten Journal Rating der Wirtschaftsuniversität Wien in die Kategorie „A" eingereiht wurden. Im VHB-Jourqual Ranking sind DBW, ZfB und ZfbF in die Kategorie „B" eingestuft (Hennig-Thurau et al., 2004).

6 Die drei Regeln lauten wie folgt:

(1) Erstens wurden die Artikel nicht einbezogen, wenn die dort benannten Organisationen aufgrund der Rechtsform zwar prinzipiell dem NPO-Sektor angehören (z. B. Sportverein), jedoch die Ausrichtung des Beitrags rein kommerzieller Natur war (Sportsponsoring von Unternehmen).

(2) Zweitens wurde festgelegt, dass historische Abhandlungen, z. B. Witte (1997), der sich mit der Stellung die Betriebswirtschaftslehre im Kaiserreich beschäftigt, nicht Eingang in die Analyse finden.

(3) Drittens wurden sämtliche Artikel ausgeschlossen, die sich mit dem Umweltmanagement von gewinnorientierten Unternehmen beschäftigen, z. B. Albach (1994) „Umweltmanagement als Führungsauf-

gabe", während generelle Beiträge zur Sicherung der Umwelt aufgrund der im Nonprofit-Management üblichen ICNPO-Gruppe (vgl. Tab. 2, Environment) in die Analyse integriert wurden, da diese Aufgaben häufig von NPO oder QUANGOs übernommen werden.

In insgesamt 18 Fällen wurden Artikel auf der Basis der definierten Regeln aus der Publikationsanalyse ausgeschlossen.

7 Die Zuteilung „deutsche versus US-amerikanische NPO-Forschung" erfolgt somit vereinfachend anhand des Landes, in welchem die jeweilige Zeitschrift herausgegeben wird. Dies erfolgt in dem Bewusstsein, dass mit dem Ausdruck „deutsch" nicht explizit, z. B. durch den Ausdruck „deutschsprachig", berücksichtigt wird, dass auch Autoren aus der Schweiz oder Österreich in den drei Zeitschriften publizieren. Ferner bleibt unberücksichtigt, dass die Autoren der drei analysierten US-amerikanischen Zeitschriften nicht alle aus den USA stammen. Der Anteil nicht in den USA ansässiger Autoren unter den 169 identifizierten Beiträgen ist jedoch verschwindend gering, weshalb die hier vorgenommene Sprachregelung gerechtfertigt erscheint.

8 Trotz einer grundsätzlich hohen Übereinstimmung bei der Zuordnung durch beide Verfasser (97 % übereinstimmende Zuteilungen) ergaben sich auch einige Zuordnungsprobleme. Der Beitrag von Sundem/Williams (1992) mit dem Titel „Ausbildung auf dem Gebiet des Rechnungswesens für das 21. Jahrhundert: Universitäten in den USA beginnen mit der Durchführung von Veränderungen" lässt beispielsweise eine Zuordnung zur Teildisziplin „Rechnungswesen/Controlling/Accounting" oder „Personalmanagement" vermuten. Der Inhalt des Beitrags konzentriert sich jedoch auf das Thema Durchführung und Implementierung einer „Ausbildungsreform" und diskutiert in diesem Zusammenhang die strategischen Herausforderungen der Universitätsführung im Sinne der Entwicklung einer Unternehmensstrategie. Daher wurde dieser Beitrag der Teildisziplin „Unternehmenspolitik" zugeteilt.

9 Durch die Verwendung der ICNPO ergibt sich das Problem, dass diese ursprünglich für Organisationen kreiert wurde, die die fünf Charakteristika „formal, private, non-profit-distributing, self-governing and voluntary" erfüllen (Salamon/Anheier, 1992b, S. 125). Dies ist bei öffentlichen (also nicht: privaten) Organisationen, die im Rahmen der hier verwendeten, weiteren Begriffsauffassung von NPO zwangsläufig ebenfalls auftauchen, nicht gänzlich der Fall. Dementsprechend werden Arbeiten, die sich mit (quasi-) öffentlichen Institutionen (QUANGOs), beschäftigen, fallweise einer ICNPO-Gruppe zugeteilt, während öffentliche Verwaltungen und der kommunalen Verwaltung sehr nahe stehende Organisationen (Public Administration) aus der Analyse ausgeschlossen wurden.

10 Neben der ICNPO sind hier v. a. noch zu nennen: Die International Standard Industrial Classification (ISIC) der Vereinten Nationen, die General Classification of Economic Activities (NACE) der Europäischen Union sowie die National Taxonomy of Exempt Entities (NTEE), die vom National Council of Charitable Statistics in den USA entwickelt wurde.

11 Als illustratives Beispiel mag der Beitrag von Dvir et al. (2002) „Impact of Transformational Leadership on Follower Development and Performance: A Field Experiment" im Vergleich zum Beitrag von Müller-Böling (1997) „Zur Organisationsstruktur von Universitäten" dienen.

12 So heißt es im Mission Statement des Academy of Management Journal wörtlich: „The mission of the Academy of Management Journal is to publish empirical research that tests, extends, or builds management theory and contributes to management practice. All empirical methods — including, but not limited to, qualitative, quantitative, field, laboratory, and combination methods — are welcome. To be published in *AMJ*, a manuscript must make strong empirical and theoretical contributions and highlight the significance of those contributions to the management field"; vgl. http://www.aom.pace. edu/amjnew/.

Literatur

Albach, H. (1993): Betriebswirtschaftslehre als Wissenschaft. Entwicklungstendenzen in der modernen Betriebswirtschaftslehre, in: Zeitschrift für Betriebswirtschaft, Ergänzungsheft Nr. 3, S. 7–26.

Albach, H. (1994): Umweltmanagement als Führungsaufgabe, in: Zeitschrift für Betriebswirtschaft, 64. Jg., H. 12, S. 1567–1579.

Albers, S. (1999): Optimale Allokation von Hochschul-Budgets, in: Die Betriebswirtschaft, 59. Jg., H. 5, S. 583–598.

Anheier, H. K. (1995): Vergleichende Forschung zum Nonprofit-Sektor: Vier Fragestellungen, in: Schauer, R./ Blümle, E.-B./Witt, D./Anheier, H. K. (Hrsg.): Nonprofit-Organisationen (NPO) – dritte Kraft zwischen Markt und Staat, Linz, S. 17–40.

Anheier, H. K. (2005): Nonprofit Organizations. Theory, Management, Policy, New York.

Anheier, H. K. (2006): Rollen und Visionen europäischer Stiftungen: ein Vergleich, in: Egger, P./Helmig, B./ Purtschert, R. (Hrsg.): Stiftung und Gesellschaft – Eine komparative Analyse des Stiftungsstandortes Schweiz, Deutschland, Liechtenstein, Österreich, USA, Basel.
Anthony, R. N. (1988): Should Business and Nonbusiness Accounting be Different?, Boston.
Arrow, K. J. (1998): Foreword, in: Weisbrod, B. (Hrsg.): To Profit or Not to Profit: The Commercial Transformation of the Nonprofit-Sector, Cambridge, S. IX–X.
Bansal, P./Roth, K. (2000): Why Companies Go Green: A Model Of Ecological Responsiveness, in: Academy of Management Journal, Vol. 43., No. 4, S. 717–736.
Bauer, R. (1995): Nonprofit-Organisationen und NPO-Forschung in der Bundesrepublik Deutschland, in: Schauer, R./Anheier, H./Blümle, E.-B. (Hrsg.): Nonprofit-Organisationen (NPO) – dritte Kraft zwischen Markt und Staat?, Linz, S. 59–96.
Bayer, C. (2000): Anspruch und Wirklichkeit von Hochschul-Rankings: Vorschlag einer allgemeinen Methodik, in: Die Betriebswirtschaft, 60. Jg., H. 5, S. 547–569.
Ben-Ner, A. (1994): Who Benefits from the Nonprofit Sector? Reforming Law and Public Policy Towards Nonprofit Organizations, in: Yale Law Journal, Vol. 104, No. 3, S. 731–762.
Beyes, T./Jäger, U. (2005): Erforschung multidiskursiver Organisationen. NPO-Management aus systemtheoretischer Sicht, in: Die Betriebswirtschaft, 65. Jg., H. 6, S. 627–645.
Bjur, W. E. (1975): The International Manager and the Third Sector, in: Public Administration Review, Vol. 35, No. 5, S. 463–467.
Blümle, E.-B. (1994): Nonprofit-Organisationen in Amerika, in: Zeitschrift für öffentliche und gemeinwirtschaftliche Unternehmen, Bd. 17, H. 2, S. 216–220.
Braunstein, C./Huber, F./Herrmann, A. (2005): Ein Ansatz zur Erklärung der Kundenbindung auf Basis der Theorie des geplanten Verhaltens, in: Zeitschrift für betriebswirtschaftliche Forschung, 57. Jg., H. 5, S. 187–213.
Brockhoff, K. (1992): Betriebswirtschaftslehre für die neuen Bundesländer, in: Zeitschrift für Betriebswirtschaft, 62. Jg., H. 1, S. 1–7.
Brockhoff, K. (1999): Zum Transfer von Ergebnissen öffentlicher Grundlagenforschung in die Wirtschaft, in: Zeitschrift für Betriebswirtschaft, 69. Jg., H. 11, S. 1331–1350.
Brockhoff, K. (2002): Erhaltung eines Stiftungsvermögens, in: Zeitschrift für betriebswirtschaftliche Forschung, 54. Jg., H. 5, S. 277–284.
Brockhoff, K. (2004): Markteintrittsstrategien bei der Internationalisierung von Hochschulen, in: Die Betriebswirtschaft, 64. Jg., H. 3, S. 320–332.
Bruhn, M. (2005): Marketing für Nonprofit-Organisationen, Stuttgart.
Bumbacher, U. (2003): Problematik der Zielgruppenorientierung bei Absatzleistungen von Nonprofit-Organisationen, in: Die Betriebswirtschaft, 63. Jg., H. 4, S. 385–400.
Burchell, J./Cook, J. (2008): Stakeholder Dialogue And Organisational Learning: Changing Relationships Between Companies and NGOs, in: Business Ethics: A European Review, Vol. 17, No. 1, S. 35–46.
Busch, E.-W. (1990): Integrationskonzepte der Betriebswirtschaftslehre: das Beispiel der Harvard Business School, in: Die Betriebswirtschaft, 50. Jg., H. 2, S. 237–248.
Carman, J. G. (2001): Community Foundations: A Growing Resource for Community Development, in: Nonprofit Management and Leadership, Vol. 12, No. 1, S. 7–24.
Davies, H. T. O. (2000): The Relevanz of Systematic Reviews to Educational Policy and Practice, online veröffentlicht unter: www.jiscmail.ac.uk/files/BEME/oxreview.htm
Davies, H. T. O./Crombie, I. K. (1998): Getting to Grips with Systematic Reviews and Meta-Analyses, in: Hospital Medicine, Vol. 59, No. 12, S. 955–958.
Dekker, P. (2001): What Crises, What Challenges? When Nonprofitness Makes No Difference, in: Anheier, H. K./Kendall, J. (Hrsg.): Third Sector Policy at the Crossroads, London, New York, S. 61–68.
Dobkin-Hall, P. (1994): Historical Perspectives on Nonprofit Organizations, in: Herman, R. D. (Hrsg.): The Jossey-Bass Handbook of Nonprofit Leadership and Management, San Francisco, S. 3–43.
Drucker, P. F. (1990): Managing the Nonprofit Organization, London.
Dvir, T./Eden, D./Avolio, B. J./Shamir, B. (2002): Impact of Transformational Leadership on Follower Development and Performance: A Field Experiment, in: Academy of Management Journal, Vol. 45, No. 4, S. 735–744.
Dyckhoff, H./Thieme, A./Schmitz, C. (2005): Die Wahrnehmung deutschsprachiger Hochschullehrer für Betriebswirtschaft in der internationalen Forschung, in: Die Betriebswirtschaft, 65. Jg., H. 4, S. 350–371.

Eberl, M./Schwaiger, M. (2006): Segmentspezifischer Aufbau von Unternehmensreputation durch Übernahme gesellschaftlicher Verantwortung, in: Die Betriebswirtschaft, 66. Jg., H. 4, S. 418–440.

Eichhorn, P. (2001): Konstitutive Merkmale von Non-Profit-Organisationen, in: Witt, P./Eckstaller, C./Faller, P. (Hrsg.): Non-Profit-Management im Aufwind? Festschrift für Karl Oettle zum 75. Geburtstag, Wiesbaden, S. 45–52.

Eichhorn, S. (1991): Krankenhausmanagement, in: Die Betriebswirtschaft, 51. Jg., H. 4, S. 455–465.

Eichner, T./Pfingsten, A./Wagener, A. (1996): Strategisches Abstimmungsverhalten bei Verwendung der Hare-Regel: Irrationalität bei der Vergabe der Olympischen Sommerspiele 1996 an Atlanta?, in: Zeitschrift für betriebswirtschaftliche Forschung, 48. Jg., H. 5, S. 466–474.

Engels, M. (1997): Verwässerung der Verfügungsrechte in Genossenschaften, in: Zeitschrift für betriebswirtschaftliche Forschung, 49. Jg., H. 7/8, S. 674–684.

Ernst, C./Kessler, P./Kvesic, V./Lischke, V. (2004): Kalkulation der Anästhesiekosten eines Klinikums der Maximalversorgung und Einführung der DRG, in: Zeitschrift für Betriebswirtschaft, 74. Jg., H. 12, S. 1217–1247.

Eschweiler, M./Vieth, M. (2004): Preisdeterminanten bei Spieltransfers in der Fußball-Bundesliga, in: Die Betriebswirtschaft, 64. Jg., H. 6, S. 671–692.

Etzioni, A. (1973): The Third Sector and Domestic Missions, in: Public Administration Review, Vol. 33, No. 4, S. 314–323.

Fabel, O./Lehmann, E./Warning, S. (2002): Der relative Vorteil deutscher wirtschaftswissenschaftlicher Fachbereiche im Wettbewerb um studentischen Zuspruch: Qualität des Studiengangs oder des Studienorts?, in: Zeitschrift für betriebswirtschaftliche Forschung, 54. Jg., H. 9, S. 509–526.

Fandel, G. (1998): Funktionalreform der Hochschulleitung, in: Zeitschrift für Betriebswirtschaft, 68. Jg., H. 3, S. 241–257.

Fassnacht, M./Homburg, C. (2001): Deutschsprachige Dienstleistungsforschung im internationalen Vergleich, in: Die Unternehmung – Schweizerische Zeitschrift für betriebswirtschaftliche Forschung und Praxis, 55. Jg., H. 4/5, S. 279–294.

Fließ, S. (2006): Prozessorganisation in Dienstleistungsunternehmen, Stuttgart.

Franck, E./Opitz, C. (1999): Hochschulen als „Sortiereinrichtungen" in Humankapitalmärkten, in: Zeitschrift für Betriebswirtschaft, 69. Jg., H. 11, S. 1313–1330.

Franck, E./Opitz, C. (2001): Zur Funktion von Studiengebühren angesichts von Informationsasymmetrien auf Humankapitalmärkten, in: Zeitschrift für betriebswirtschaftliche Forschung, 53. Jg., H. 3, S. 91–106.

Franck, E./Opitz, C. (2004): Zur Filterleistung von Hochschulsystemen – Bildungswege von Topmanagern in den USA, Frankreich und Deutschland, in: Zeitschrift für betriebswirtschaftliche Forschung, 56. Jg., H. 2, S. 72–86.

Franke, G./Herrmann, M. (1994): Vererbung von Unternehmensanteilen oder Übertragung auf eine Stiftung: Ein Vergleich der Vermögenswirkungen, in: Zeitschrift für betriebswirtschaftliche Forschung, 46 Jg., H. 7/8, S. 582–609.

Frese, E./Heberer, M./Hurlebaus, T./Lehmann, P. (2004): „Diagnosis Related Groups" (DRG) und kosteneffiziente Steuerungssysteme im Krankenhaus, in: Zeitschrift für betriebswirtschaftliche Forschung, 56. Jg., H. 12, S. 737–759.

Friedl, G./Ott, R. (2002): Anreizkompatible Gestaltung von Entgeltsystemen für Krankenhäuser, in: Zeitschrift für Betriebswirtschaft, 72. Jg., H. 2, S. 185–205.

Gaugler, E. (1999): Förderung des wissenschaftlichen Nachwuchses durch die Hochschulen, in: Zeitschrift für Betriebswirtschaft, 69. Jg., H. 7, S. 803–808.

Gaugler, E./Koppert, W. (1990): Die Entwicklung der Hochschullehrerstellen und des wissenschaftlichen Nachwuchses in der Betriebswirtschaftslehre an den wissenschaftlichen Hochschulen im deutschsprachigen Raum, in: Die Betriebswirtschaft, 50. Jg., H. 4, S. 471–490.

Gaugler, E./Schneider, B. (1994): Professuren und Habilitationen in der Betriebswirtschaftslehre an den wissenschaftlichen Hochschulen im deutschsprachigen Raum, in: Die Betriebswirtschaft, 54. Jg., H. 1, S. 41–58.

Gaugler, E./Schneider, B. (1997): Entwicklung von Professuren und Habilitationen in der Betriebswirtschaftslehre an den wissenschaftlichen Hochschulen im deutschsprachigen Raum, in: Die Betriebswirtschaft, 57. Jg., H. 6, S. 777–795.

Gentry, W. M. (2002): Debt, Investment and Endowment Accumulation: The Case of Not-for-Profit-Hospitals, in: Journal of Health Economics, Vol. 21, No. 5, S. 845–872.

Hansen, U./Hennig-Thurau, T./Wochnowski, H. (1997): TEACH-Q: Ein valides und handhabbares Instrument zur Bewertung von Vorlesungen, in: Die Betriebswirtschaft, 57. Jg., H. 3, S. 377–396.

Hansen, U./Hennig-Thurau, T./Langner, T. (2000): Qualitätsmanagement von Hochschulen: FACULTY-Q als Erweiterung von TEACH-Q, in: Die Betriebswirtschaft, 60. Jg., H. 1, S. 23–38.

Hansen, U./Lübke, V./Schoenheit, I. (1993): Der Unternehmenstest als Informationsinstrument für ein sozial-ökologisch verantwortliches Wirtschaften, in: Zeitschrift für Betriebswirtschaft, 63. Jg., H. 6, S. 587–611.

Hansen, U./Schrader, U. (2005): Corporate Social Responsibility als aktuelles Thema der Betriebswirtschaftslehre, in: Die Betriebswirtschaft, 65. Jg., H. 4, S. 373–395.

Helmig, B. (2005): Ökonomischer Erfolg in öffentlichen Krankenhäusern, Berlin.

Helmig, B./Dietrich, M. (2001): Qualität von Krankenhausleistungen und Kundenbeziehungen, in: Die Betriebswirtschaft, 61. Jg., H. 3, S. 319–334.

Helmig, B./Jegers, M./Lapsley, I. (2004): Challenges in Managing Nonprofit Organizations: A Research Overview, in: Voluntas – International Journal of Voluntary and Nonprofit Organizations, Vol. 15, No. 2, S. 101–116.

Helmig, B./Purtschert, R./Beccarelli, C. (2006): Nonprofit but Management, in: Helmig, B./Purtschert, R. (Hrsg.): Nonprofit-Management. Beispiele für Best-Practices im Dritten Sektor, 2. Aufl., Wiesbaden, S. 1–17.

Helmig, B./Tscheulin, D. (1998): Krankenhausmanagement in der deutschsprachigen betriebswirtschaftlichen Forschung im internationalen Vergleich, in: Zeitschrift für Betriebswirtschaft, 68. Jg., H. 1, S. 83–110.

Hennig-Thurau, T./Walsh, G./Schrader, U. (2004): VHB-JOURQUAL: Ein Ranking von betriebswirtschaftlich-relevanten Zeitschriften auf Grundlage von Expertenurteilen, in: Zeitschrift für betriebswirtschaftliche Forschung, 56. Jg., H. 9, S. 520–545.

Herrmann, M. (1997): Funktioniert die Unternehmenskontrolle durch Stiftungen?, in: Zeitschrift für betriebswirtschaftliche Forschung, 49. Jg., H. 6, S. 499–534.

Hufnagel, R./Mühlenkamp, H. (2002): Berechnung von Risikoprämien bei leistungsabhängigen Entgeltsystemen – am Beispiel der geplanten Hochschuldienstrechtsreform, in: Zeitschrift für Betriebswirtschaft, 72. Jg., H. 9, S. 915–928.

Jacobs, D. P. (1990): Strategy Formulation and Implementation for Schools of Management, in: Zeitschrift für Betriebswirtschaft, 60. Jg., H. 12, S. 1359–1364.

Kaas, K.-P. (1992): Marketing für umweltfreundliche Produkte: Ein Ausweg aus dem Dilemma der Umweltpolitik?, in: Die Betriebswirtschaft, 52. Jg., H. 4, S. 473–487.

Kerlin, J. A. (2006): Social Enterprise in the United States and Europe: Understanding and Learning from the Differences, in: Voluntas – International Journal of Voluntary and Nonprofit Organizations, Vol. 17, No. 3, S. 246–262.

Kieser, A. (1998): Going Dutch – Was lehren niederländische Erfahrungen mit der Evaluation universitärer Forschung?, in: Die Betriebswirtschaft, 58. Jg., H. 2, S. 208–224.

Krafft, M./Haase, K./Siegel, A. (2002): Statistisch-ökonometrische BWL-Forschung: Entwicklung, Status Quo und Perspektiven, in: Schwaiger, M./Harhoff, D. (Hrsg.): Empirie und Betriebswirtschaft, Stuttgart, S. 83–104.

Krönes, G. (2001): Finanzierung von Nonprofit-Organisationen, in: Die Betriebswirtschaft, 61. Jg., H. 1, S. 81–96.

Kuntz, L./Vera, A. (2005): Auswirkungen der Einführung von interner Leistungsverrechnung auf die Effizienz im Krankenhaus, in: Zeitschrift für betriebswirtschaftliche Forschung, 57. Jg., H. 11, S. 595–616.

Küpper, H.-U. (2000): Hochschulrechnung auf der Basis von doppelter Buchführung und HGB?, in: Zeitschrift für betriebswirtschaftliche Forschung, 52. Jg., H. 6, S. 348–369.

Küpper, H.-U. (2002): Konzeption einer Perioden-Erfolgsrechnung für Hochschulen, in: Zeitschrift für Betriebswirtschaft, 72. Jg., H. 9, S. 929–951.

Levitt, T. (1973): The Third Sector: New Tactics for a Responsive Society, New York.

Loitlsberger, E./Ohashi, S./Thöndl, M. (1996): Betriebswirtschaftslehre und Gemeinschaftsgedanken, in: Zeitschrift für Betriebswirtschaft, 66. Jg., H. 5, S. 627–642.

Macharzina, K./Wolf, J./Rohm, A. (2004): Quantitative Evaluation of German Research Output in Business Administration: 1992-2001, in: Management International Review, Vol. 44, No. 3, S. 335–359.

Mandler, U. (2005): Bachelor- und Masterstudiengänge in der BWL. Die Einstellung der Dekane wirtschaftswissenschaftlicher Fachbereiche, in: Zeitschrift für betriebswirtschaftliche Forschung, 57. Jg., H. 8, S. 453–466.

McFarlan, W. F. (1999): Working on Nonprofit Boards – Don't Assume the Shoe Fits, in: Harvard Business Review, November-December, S. 65–80.

Mühlenkamp, H. (1995): Größen- und Verbundvorteile in der Verwaltung der gesetzlichen Krankenversicherung, in: Zeitschrift für Betriebswirtschaft, 65. Jg., H. 3, S. 287–308.
Müller, O. (2005): Vom Almosen zum Spendenmarkt, Freiburg i. Br.
Müller-Böling, D. (1997): Zur Organisationsstruktur von Universitäten, in: Die Betriebswirtschaft, 57. Jg., H. 5, S. 603–614.
Neubauer, G./Zelle, B. (1996): Unternehmensverbindungen und Internationalisierungstendenzen privater Krankenhäuser im Rahmen des Gesundheitsstrukturgesetzes, in: Die Betriebswirtschaft, 56. Jg., H. 3, S. 339–349.
Nicolai, A. (2004): Der „trade-off" zwischen „rigour" und „relevance" und seine Konsequenzen für die Managementwissenschaft, in: Zeitschrift für Betriebswirtschaft, 74. Jg., H. 2, S. 99–118.
Nowotny, E. (1991): Wirtschafts- und Sozialpartnerschaft in Österreich – Gesamtwirtschaftliche Aspekte und einzelbetriebliche Formen und Effekte, in: Die Betriebswirtschaft, 51. Jg., H. 3, S. 287–308.
Offermanns, M. (1992): Die personelle Verflechtung im Genossenschaftswesen, in: Zeitschrift für Betriebswirtschaft, 62. Jg., H. 11, S. 1263–1288.
Palazzo, B. (2002): U.S.-American and German Business Ethics: An Intercultural Comparison, in: Journal of Business Ethics, Vol. 41, No. 3, S. 195–216.
Paul, W. (1993): Die Notwendigkeit einer fächerintegrierenden betriebswirtschaftlichen Hochschulausbildung aus der Sicht des Finanzpraktikers, in: Zeitschrift für betriebswirtschaftliche Forschung, 45. Jg., H. 9, S. 797–826.
Porter, M. E./Kramer, M. E. (2002): The Competitive Advantage of Corporate Philantrophy, in: Harvard Business Review, Vol. 80, December, S. 56–68.
Porter, M. E./Kramer, M. E. (2006): Strategy & Society. The Link Between Competetive Advantage and Corporate Social Responsibility, in: Harvard Business Review, Vol. 84, December, S. 1–14.
Powell, W. W./Steinberg, R. (2006): The Nonprofit-Sector. A Research Handbook, 2. Aufl., New Haven, London.
Purtschert, R. (1992): Nonprofit-Organisationen, in: Die Betriebswirtschaft, 52. Jg., H. 6, S. 855–856.
Purtschert, R. (2005): Marketing für Verbände und weitere Nonprofit-Organisationen, 2. Aufl., Bern.
Salamon, L. M./Anheier, H. K. (1992a): In Search of the Non-Profit Sector I: The Question of Definitions, in: Voluntas, Vol. 3, No. 2, S. 267–309.
Salamon, L. M./Anheier, H. K. (1992b): In Search of the Non-Profit Sector II: The Problem of Classification, in: Voluntas, Vol. 3, No. 3, S. 125–151.
Salamon, L. M./Anheier, H. K./List, R./Toepler, S./Sokolowski, S. W./Associates (1999a): Global Civil Society: Dimensions of the Nonprofit Sector, Baltimore.
Salamon, L. M./Anheier, H. K./Associates (1999b): Civil Society in Comparative Perspective, in: Salamon, L. M./Anheier, H. K./List, R./Toepler, S./Sokolowski, S. W./Associates (1999): Global Civil Society: Dimensions of the Nonprofit Sector, Baltimore, S. 3–39.
Salamon, L. M./Sokolowski, S. W./Associates (2004): Global Civil Society: Dimensions of the Nonprofit Sector, Volume 2, Bloomfield, CT.
Sargeant, A. (2005): Marketing Management for Nonprofit Organizations, 2. Aufl., Oxford.
Scharmer, C. O. (1995): Strategische Führung im Kräftedreieck Wachstum-Beschäftigung-Ökologie, in: Zeitschrift für Betriebswirtschaft, 65. Jg., H. 6, S. 633–661.
Schneider, M. (2004): Data-Envelopment-Analyse von Landarbeitsgerichten, in: Die Betriebswirtschaft, 64. Jg., H. 1, S. 28–38.
Schneider, W. (1996): Philanthropie und Gratifikationsprinzip – Ein Beitrag zur theoretischen und empirischen Erforschung des Problemfeldes „Spendenmarketing", in: Zeitschrift für betriebswirtschaftliche Forschung, 48. Jg., H. 4, S. 394–408.
Schuhen, A. (2002): Nonprofit Governance in der Freien Wohlfahrtspflege, Baden-Baden.
Schütte, H. G. (1998): Wissen, Kompetenzen und Finanzen, in: Die Betriebswirtschaft, 58 Jg., H. 2, S. 189–207.
Schwarz, P./Purtschert, R./Giroud, C./Schauer, R. (2005): Das Freiburger Management-Modell für Nonprofit-Organisationen, 5. Aufl., Bern.
Sokolowski, S. W./Salamon, L. M. (1999): The United States, in: Salamon, L. M./Anheier, H. K./List, R./Toepler, S./Sokolowski, S. W./Associates (1999): Global Civil Society: Dimensions of the Nonprofit Sector, Baltimore, S. 261–281.
Stappel, M. (2004): Die deutschen Genossenschaften 2004, Wiesbaden.

Steinke, I. (2000): Gütekriterien qualitativer Forschung, in: Flick, U./von Kardoff, E./Steinke, I. (Hrsg.): Qualitative Forschung, ein Handbuch, Reinbeck, S. 319–331.
Sundem, G. L./Williams, D. Z. (1992): Ausbildung auf dem Gebiet des Rechnungswesens für das 21. Jahrhundert: Universitäten in den USA beginnen mit der Durchführung von Veränderungen, in: Die Betriebswirtschaft, 52. Jg., H. 5, S. 595–604.
Toepler, S. (1998): Foundations and Their Institutional Context. Cross-Evaluating Evidence from Germany and the United States, in: Voluntas – International Journal of Voluntary and Nonprofit Organizations, Vol. 9, No. 2, S. 153–170.
Tranfield, D./Denyer, D./Smart, P. (2003): Towards a Methodology for Developing Evidence-Informed Management Knowledge by Means of Systematic Review, in: British Academy of Management, Vol. 14, No. 3, S. 207–222.
Tscheulin, D. K./Helmig, B. (1996): Arzt- und Krankenhauswerbung – Rechtliche Grundlagen, „State-of-the-Art" und Direktiven einer effizienten Ausgestaltung, in: Zeitschrift für Betriebswirtschaft, 66. Jg., H. 11, S. 1357–1382.
Vera, A./Foit, K. (2005): Modulare Krankenhausorganisation und Effizienz, in: Zeitschrift für Betriebswirtschaft, 75. Jg., H. 4, S. 357–382.
Vocino, T./Elliott, R. H. (1984): Research Note: Public Administration Journal Prestige: A Time Series Analysis, in: Administrative Science Quarterly, Vol. 29, No. 1, S. 43–51.
von der Oelsnitz, D. (2005): „Orangenbäumchen am Plattensee", in: Die Betriebswirtschaft, 65. Jg., H. 4, S. 333–370.
Weber, J./Kaminski, A. (1995): Zum Promotionsverhalten in der deutschsprachigen Betriebswirtschaftslehre, in: Zeitschrift für betriebswirtschaftliche Forschung, 47. Jg., H. 7/8, S. 708–725.
Weibler, J./Wald, A. (2004): 10 Jahre personalwirtschaftliche Forschung – Ökonomische Hegemonie und die Krise einer Disziplin, in: Die Betriebswirtschaft, 64. Jg., H. 3, S. 259–275.
White, M. A. (1994): Swapping Debt for Nature, in: Die Betriebswirtschaft, 54. Jg., H. 5, S. 805–816.
Wilbur, R. H. (Hrsg.) (2000): The Complete Guide to Nonprofit-Management, 2. Aufl., New York u. a.
Witt, D. (2002): Schlusswort: Mögliche zukünftige Schwerpunkte der NPO-Forschung, in: Schauer, R./Purtschert, R./Witt, D. (Hrsg.): Nonprofit-Organisationen und gesellschaftliche Entwicklung: Spannungsfeld zwischen Mission und Ökonomie, Linz, S. 465–469.
Witte, E. (1997): Betriebswirtschaftslehre und Staat, in: Zeitschrift für Betriebswirtschaft, 67. Jg., H. 1, S. 7–19.
Wolf, J./Rohn, A./Macharzina, K. (2005): Institution und Forschungsproduktivität, in: Die Betriebswirtschaft, 65. Jg., H. 1, S. 62–77.
Wolf-Ostermann, K./Lüngen, M./Mieth, H./Lauterbach, K. (2002): Eine empirische Studie zur Organisation und Kosten der Verwaltung im Krankenhaus, in: Zeitschrift für Betriebswirtschaft, 72. Jg., H. 10, S. 1065–1084.
Zimmer, A. (1997): Stand und Perspektiven der NPO-Forschung, in: Schauer, R./Anheier, H./Blümle, E.-B. (Hrsg.): Der Nonprofit-Sektor im Aufwind – zur wachsenden Bedeutung von Nonprofit-Organisationen auf nationaler und internationaler Ebene, Linz, S. 63–88.

Stellenwert und Schwerpunkte der Nonprofit-Forschung in der allgemeinen Betriebswirtschaftslehre: Ein Vergleich deutscher und US-amerikanischer Forschungsbeiträge

Zusammenfassung

Der vorliegende Beitrag zielt darauf ab, den Stellenwert und die Schwerpunkte der NPO-Forschung innerhalb der allgemeinen Betriebswirtschaftslehre unter besonderer Berücksichtigung von Corporate Social Responsibility zu bestimmen und näher zu untersuchen. Zu diesem Zweck wurde, bezogen auf den Zeitraum von 1990 bis 2005, eine Publikationsanalyse durchgeführt. Insgesamt wurden 5'111 Beiträge in den drei wichtigsten deutschen sowie zwei US-amerikanischen A-BWL-Zeitschriften gesichtet und letztlich 233 Beiträge zum Management von Nonprofit-Organisationen untersucht. Der Vergleich der Publikationstätigkeit anhand der Gewichtungsdimension ergab, dass der Stellenwert der NPO-Forschung mit 6,0 Prozent aller in den beiden US-amerikanischen Zeitschriften publizierten Beiträge deutlich höher ist als in den untersuchten deutschen Forschungsbeiträgen (2,8 %). Inhaltlich kommt die Untersuchung zu dem Ergebnis, dass in beiden Kulturräumen die betriebswirtschaftlichen Funktionen Unternehmenspolitik und Personalmanagement im Zentrum des Forschungsinteresses stehen. Darüber hinaus zeigte sich, dass in der US-amerikanischen NPO-Forschung eine größere Breite an betriebswirtschaftlichen Funktionen untersucht wird. Hinsichtlich der betrachteten Objekte wurden vornehmlich staatliche bzw. staatsnahe Organisationen – wie Universitäten und Krankenhäuser – zulasten privater NPO analysiert. Ein Schwerpunkt der NPO-Forschung liegt somit auf dem Bildungs- sowie Gesundheitswesen. Publikationen, die explizit verschiedene Ebenen von Corporate Social Responsibility unterscheiden und somit auch die Wechselwirkung von NPO und Unternehmen berücksichtigen, sind mit lediglich zwei deutschsprachigen NPO-Forschungsbeiträgen vergleichsweise gering vertreten. Die Analyse der methodologischen Dimension ergab, dass die US-amerikanische NPO-Forschung deutlich stärker empirisch ausgerichtet ist (ca. 85 % versus ca. 42 %).

On the Importance and Priorities of Nonprofit Research in Business Administration: A Comparison of German and U.S. Journals

Summary

The current article presents a systematic literature review on the topic of nonprofit organization (NPO) research in business administration. Based on an assessment of 5'111 academic articles published in the top 3 business administration journals in Germany compared to two top U.S. journals, a total number of 233 NPO articles were found and analyzed. The main results are the following: The importance of NPO research in the U.S. journals is much higher (U.S.-journals: 6.0 % compared to 2.8 % in the German journals). In both countries the most preferred disciplines under research are "general management" and "human resources management". Furthermore, a lot of NPO research was conducted in the NPO industries "education & research" and "health". Therefore, state-owned NPOs like universities or hospitals are quite often under research, while private-owned NPOs are more or less ignored. Furthermore, studies which analyse the interaction between NPOs and For-Profit-Firms in the context of corporate social responsibility are very rare. Regarding methodology issues we found, that approximately 85 % of the analyzed U.S. articles present empirical work, compared to 42 % empirical studies in the German journals.

WWW.ZF-MANAGEMENT.DE

ZfM
Zeitschrift für Management

Heft 1 / 2008
3. Jahrgang
ISSN 1861-4264

Klaus Möller/Mischa Seiter
Erfolgswirkungen von Kommunikation in Netzwerken

Jetzt kostenlos testen

ZfM – Zeitschrift für Management – jetzt Kompetenz kennen lernen!

Die Zeitschrift für Management informiert über aktuelle Entwicklungen in der Managementforschung und –praxis. Dabei werden Managementtheorien, -konzepte oder -modelle (weiter)entwickelt oder kritisch hinterfragt, aktuelle Fortschritte und Ideen zu neuen Ansätzen beschrieben oder offene Forschungsfragen problematisiert.

 +  =

1 Ausgabe ZfM
im Wert von 48,- Euro

privat und beruflich profitieren:
Goethe – Klassische Literatur
für Manger
Kaufpreis 25,90 Euro

Kostenlos!

Wissens-
kompetenz
im Wert von
73,90 Euro

Einfach Coupon ausschneiden und abschicken: Gabler-Verlag Leserservice, Postfach 1546, 65173 Wiesbaden

☑ **Ja, ich bestelle mein kostenloses Kompetenzpaket!**

Mit dem Probe-Abo dieser Fachzeitschrift erhalte ich die nächste Ausgabe kostenlos. Wenn ich mich nicht innerhalb von 14 Tagen nach Erhalt der 1. Ausgabe melde, erhalte ich 4 Ausgaben der „Zeitschrift für Management" zum Jahresvorzugspreis (Inland) von z.Z. 192,00 Euro (Institution/Firma) bzw. 139,00 Euro (privat). Das Abonnement ist jederzeit kündbar.
Widerrufsbelehrung: Mir ist bekannt, dass ich diese Vereinbarung innerhalb von 14 Tagen beim Gabler Verlag Leserservice, Postfach 1546, 65173 Wiesbaden, schriftlich widerrufen kann. Rechtzeitige Absendung (Poststempel) genügt.

Name, Vorname   311 08 101

Firma   Abteilung

Straße (bitte kein Postfach)   PLZ | Ort

Datum | Unterschrift

Änderungen vorbehalten. Erhältlich im Buchhandel oder beim Verlag.
Geschäftsführer: Andreas Kösters, Dr. Ralf Birkelbach, AG Wiesbaden HRB 9754

Der Ehrbare Kaufmann – Das ursprüngliche Leitbild der Betriebswirtschaftslehre und individuelle Grundlage für die CSR-Forschung

Daniel Klink

Überblick

- Der vorliegende Beitrag vertritt die These, dass Kaufleute keiner gesonderten Ethik oder speziell entwickelter Kodizes bedürfen: der Ehrbare Kaufmann als Leitbild der Betriebswirtschaftslehre handelt ethisch.
- In einer gesellschaftsgeschichtlichen Analyse wird die Entwicklung des Leitbildes des Ehrbaren Kaufmanns in Europa beschrieben. Seine europäischen Anfänge finden sich im mittelalterlichen Italien und dem norddeutschen Städtebund der Hanse. Bis zum Ende der Frühen Neuzeit wurde er als Leitbild in Kaufmannshandbüchern gelehrt.
- Der Ehrbare Kaufmann ist der nachhaltig wirtschaftende Akteur. Sein Verhalten stützt sich auf Tugenden, die den langfristigen wirtschaftlichen Erfolg zum Ziel haben. Im Ehrbaren Kaufmann sind Ethik und Wirtschaft untrennbar verbunden. Dieses Ergebnis ist insbesondere für die gegenwärtige CSR-Forschung von Bedeutung, da es die Diskussion auf die individuelle Ebene der Unternehmer und Manager erweitert. Das Leitbild sollte als ethische Basis der BWL wieder in die Ausbildung an Hochschulen integriert werden.

Keywords CSR · honorable merchant · virtues · guiding principles · history of business

JEL: A20, L26, M10, M14, M16, N01, N83, N93, O12, Z13

Dipl.-Kfm. Daniel Klink (✉)
ist Doktorand der Wirtschaftswissenschaften am Institut für Management der Humboldt-Universität zu Berlin.
E-Mail: daniel.klink@hu-berlin.de

A. Problemstellung

Im Juni 2003 hielt Horst Albach im Wissenschaftszentrum Berlin einen Vortrag mit dem Titel „Zurück zum Ehrbaren Kaufmann", den er mit einem Zitat des deutschen Managers Jürgen Heraeus schließt und ihm anschließend zustimmt: „Der Ehrbare Kaufmann braucht keinen Kodex guter Corporate Governance".[1] Zwei Jahre später entwickelte Albach dann die These, dass die Betriebswirtschaftslehre (BWL) keiner gesonderten Ethik bedarf, da sie selbst auf ethischen Prinzipien ruht[2]. Wenn seine These stimmt, liegt auch Heraeus mit seiner Aussage richtig.

Diese Gedanken aufgreifend, vertritt der vorliegende Beitrag die These, dass Kaufleute keiner gesonderten Ethik oder speziell entwickelter Ethik- oder Verhaltenskodizes bedürfen: der Ehrbare Kaufmann als Leitbild der Betriebswirtschaftslehre handelt ethisch. Eine gesellschaftsgeschichtliche Analyse soll das Leitbild offenlegen, das der Betriebswirtschaftslehre ursprünglich zu Grunde lag, jedoch in Vergessenheit geraten ist. Der Beitrag kommt zu dem Ergebnis, dass das ermittelte Leitbild von unmittelbarer Bedeutung für die gegenwärtige Forschung zur gesellschaftlichen Verantwortung von Unternehmen (Corporate Social Responsibility – CSR) ist. Der Ehrbare Kaufmann ist demnach der nachhaltig wirtschaftende Akteur, der sein Verhalten auf Tugenden stützt, die eindeutig den langfristigen wirtschaftlichen Erfolg – unter Berücksichtigung der Interessen der Gesellschaft – zum Ziel haben. Damit stellt er die individuelle Grundlage (Mikroebene) der CSR-Forschung dar, deren Diskussion derzeit überwiegend auf der Unternehmensebene (Mesoebene) geführt wird.

Zur geschichtlichen Analyse des Ehrbaren Kaufmanns liegen keine aktuellen Arbeiten vor, deshalb öffnet diese Arbeit systematisch das Thema. Abschnitt B. beginnt mit der Klärung des wichtigen Grundbegriffs Ehre (B.I.) und erläutert die vier Grundtypen von Wirtschaftssubjekten, die für die geschichtliche Betrachtung relevant sind (B.II.). Nach einigen methodischen Hinweisen zur Leitbildentwicklung in Abschnitt C., wird in Abschnitt D. das Leitbild des Ehrbaren Kaufmanns historisch klar umrissen. Abschließend (Abschnitt E.) wird die Bedeutung dieser Erkenntnisse für die aktuelle CSR-Forschung diskutiert.

B. Grundbegriffe

Der Titel des vorliegenden Beitrags lautet „Der Ehrbare Kaufmann". Das Prädikat ehrbar findet in der Literatur viele Synonyme. Zu nennen sind unter anderem der wahre, gute, echte, ehrsame, ehrliche, sittliche, ideale, ethisch oder moralisch handelnde und sogar der königliche Kaufmann. Auch wenn der Begriff ehrbar antiquiert klingt, ist er, abgeleitet vom Wort Ehre, bei der Erforschung des optimal handelnden Wirtschaftssubjektes sehr sinnvoll.

I. Ehre

Der Begriff Ehre ist kein absoluter Begriff. Er unterliegt stark dem historischen Wandel[3]. Ehre wird häufig zweigliedrig definiert. Die äußere Ehre ist die von der Umwelt bestimmte Bewertung des Individuums und die innere Ehre ist ein inneres vom Individuum selbst empfundenes Ehrgefühl[4]. Die Zweiteilung des Begriffs ist Teil der konstanten Struktur des Ehrbegriffs[5]. Sie existiert bereits seit der Antike und ist für den zu untersuchenden Gegenstand sehr hilfreich. Aristoteles sagt in Buch IV, Nr. 7 seines Werkes „Nikomachische Ethik": „die Ehre ist der Siegespreis der Tugend und wird nur den Guten zuerkannt."[6] Indem er die Ehre als Lohn der Tugend betrachtet, macht er die äußere Ehre von der inneren abhängig. Tugend versteht Aristoteles als Verhalten, das die Mitte „zwischen zwei Schlechtigkeiten, dem Übermaß und dem Mangel", beschreibt[7]. Ehre ist keine einzelne Tugend aus vielen, sie ist vielmehr das Resultat der angewandten Tugenden des Individuums. Sie wird zum Ausdruck seines Wertes, der wiederum mit den Wertanschauungen der Epoche korreliert. Er ist damit an gebotene Tugenden geknüpft. Wird der Wert des Individuums auf dieser Grundlage von außen her durch die Gemeinschaft anerkannt, so lässt sich von äußerer Ehre sprechen. Erkennt das Individuum von Innen heraus seinen eigenen Wert an, so verfügt es über ein inneres Selbstwertgefühl und dieses lässt sich dann als innere Ehre umschreiben.[8] Dieses Ehrverständnis ist als Grundlage für die Betrachtung des Ehrbaren Kaufmanns das brauchbarste, denn der Kaufmann steht mit seinen Handlungen stets in direktem Bezug zur Gemeinschaft, die ihn entsprechend seines Verhaltens bewertet.

Die nahe Verwandtschaft der persönlichen Ehre zum wirtschaftlichen Ruf ist ebenfalls wichtig. Beide stellen hohe soziale und individuelle Werte dar, die allerdings keinen stabilen Inhalt haben, denn sie beruhen auf freier Meinungsbildung und -äußerung. Insbesondere in der freien Sozialen Marktwirtschaft ist der wirtschaftliche Ruf für das einzelne Unternehmen sehr bedeutsam.[9] Das Prädikat ehrbar stellt demnach das brauchbarste der oben genannten möglichen Prädikate dar. Es weißt auf den von der betroffenen sozialen Gruppe für ideal befundenen Kaufmann hin.

II. Eigenwirtschaftler, Kaufmann, Unternehmer und Manager

Eine einzelne Definition des Begriffs „Kaufmann" ist für einen betrachteten geschichtlichen Rahmen von circa eintausend Jahren unpassend. Eine Typologie[10] eignet sich daher besser, um klare Entwicklungen sichtbar zu machen, die sich in der gesellschaftlichen und wirtschaftlichen Wirklichkeit nur sehr langsam vollzogen haben. Bei diesem Verfahren besteht immer die Gefahr, dass man Abweichungen nicht gerecht wird oder nur das Auffallende als typisch hinstellt[11]. Dieser Nachteil wird für die folgende Betrachtung akzeptiert, weil ihm der Erkenntnisgewinn über den geschichtlichen Zusammenhang der Wirtschaftssubjekte und die erleichterte Einordnung durch die deutliche Abgrenzung der Akteure voneinander gegenüberstehen. Zu unterscheiden sind vier noch heute relevante Wirtschaftssubjekte: der Eigenwirtschaftler, der Kaufmann, der Unternehmer und der Manager.

Mit Eigenwirtschaftler[12] sind alle Individuen gemeint, die sich durch ihre persönlichen Fähigkeiten selbständig versorgen können. Die wichtigste Form des Eigenwirtschaftlers ist, historisch betrachtet, mit Abstand der Handwerker gewesen, der in den sich bildenden Städten bestimmte Güter, Techniken und Dienstleistungen entwickelte, die in den wachsenden Dorfgemeinschaften von Vorteil waren und dabei zu deren Entwicklung zu Städten beitrug.

Produziert ein Eigenwirtschaftler mehr als er verkaufen kann[13] oder ein ganz besonders seltenes Gut, wird ein neues Wirtschaftssubjekt nötig: der Kaufmann. Der Kaufmann stellt kein Gut her, sondern seine Fähigkeit besteht darin, diese Überschüsse ausfindig zu machen, sie aufzukaufen und sie an einem anderen Ort wieder zu verkaufen. So bemerkt Sombart (1923, S. 1) treffend: „Kaufmann ist derjenige, der auf eigenes Risiko ‚kauft und verkauft', um dadurch seinen Unterhalt zu verdienen oder Gewinn zu machen"[14]. Er ist also in seiner Funktion Güterfinder und -vermittler[15]. Er handelt auf eigene Rechnung und ist gänzlich unabhängig.

Im 18. Jahrhundert vollzog sich ein Wandel, der das dritte große Wirtschaftssubjekt in den Vordergrund treten ließ. Der Unternehmer sollte fortan bis in die Gegenwart das vorherrschende Wirtschaftssubjekt sein. Er ist weder Eigenwirtschaftler noch Kaufmann, doch er geht aus ihnen hervor[16]. Er vereinigt beide Funktionen auf eine bis dahin seltene Art und Weise[17]. Der Unternehmer fügt die „technische und kaufmännische Begabung in der fruchtbarsten Weise"[18] zusammen. Die Selbständigkeit der beiden vorherrschenden Typen wird durch ihn aufgelöst. Der Eigenwirtschaftler wird technischer Arbeiter in der Produktion und kaufmännische Angestellte mit dem Wissensschatz der Kaufleute regeln den Verkauf des von den Arbeitern hergestellten Produkts. Der gesamte Prozess wird durch den Unternehmer gesteuert und überwacht. Dieser soziale Verbund mit dem gemeinsamen Ziel ein gemeinschaftlich hergestelltes Produkt oder eine bestimmte Dienstleistung mit Gewinn zu verkaufen, nennt sich fortan Unternehmen. Die Arbeiter und Angestellten bestreiten ihren Lebensunterhalt mit dem Lohn, den sie vom Unternehmer erhalten. Der Unternehmer kann über den Gewinn frei verfügen. Wichtig ist, dass der Unternehmer das erste Wirtschaftssubjekt ist, das viele Menschen in seine Abhängigkeit gebracht hat, um seinen Vorgaben zu folgen. Damit trägt der Unternehmer eine ungleich höhere gesellschaftliche Verantwortung (Einfluss auf die Mitarbeiter, Gesellschaft und Umwelt) als noch zuvor der Eigenwirtschaftler[19] und der Kaufmann[20], die sich auf dem Markt untereinander gleichberechtigt begegneten. Bis dahin regelte der Markt die Einkommensverteilung an die Wirtschaftssubjekte. Nun bestimmt der Unternehmer über den Anteil (Lohn), der seinen Angestellten zufällt. Es entsteht ein Arbeitsmarkt, auf dem die Arbeitsleistungen der so genannten Arbeitnehmer einen eigenen Preis besitzen.

Ab circa 1910 hatten sich die Kommunikationsformen und das Transportwesen so weit verbessert, dass Unternehmen größere Regionen mit ihren Erzeugnissen versorgen konnten und stark wuchsen. Der Unternehmer konnte nicht mehr allein den Überwachungs- und Steuerungsmechanismus ausfüllen. Das war die Geburtsstunde des Managers.[21] Manager waren zu Beginn Angestellte oder Arbeiter, die im Unternehmen Erfahrung sammelten und mit immer mehr Verantwortung beauftragt wurden. In der zweiten Hälfte des 20. Jahrhunderts begannen Unternehmen vermehrt international zu handeln. An den Hochschulen wurden spezielle Ausbildungen für Manager entwickelt, so dass sie bereits früh an eine verantwortungsvolle Position gelangten und den Fortbestand und die weitere Entwicklung des Unternehmens sicherten. Der heutige Manager ist das erste Wirtschaftssubjekt, das die individuelle wirtschaftliche Entwicklung des Unternehmens nur noch aus der Theorie kennt. Er sichert hauptsächlich den Bestand des Unternehmens und bezieht als Angestellter ein Gehalt[22]. Als internationaler Manager schon im jungen Alter eingesetzt, besetzt er die vorerst letzte Stufe der, man könnte fast schon sagen „Evolution der Wirtschaftssubjekte", und steht an der Spitze von bis zu 1,9 Mio. Arbeitnehmern (Wal-Mart[23]) eines transnationalen Unternehmensverbunds (Konzern). Die gesellschaftliche Verantwortung des Managers steigt entsprechend der Größe des Unternehmens und übertrifft in der Regel die des Unternehmers um ein Vielfaches[24].

C. Methodische Aspekte der Leitbildentwicklung

Ein Leitbild wird häufig als Grundgesetz oder die Zehn Gebote bezeichnet. Es befasst sich mit den langfristigen, globalen Zielen und den langfristig gültigen Prinzipien, Normen und Spielregeln einer Organisation, die ihre Lebens- und Entwicklungsfähigkeit sicherstellen sollen.[25] Ethische Kodizes für Unternehmen hingegen sind das Phänomen der letzten Jahrzehnte[26]. Das spricht dafür, dass es vorher ein Verhalten von Wirtschaftssubjekten gab oder auch immer noch gibt, das von der Gemeinschaft akzeptiert und von den Handelnden eingehalten wurde oder wird. Ehrbare Kaufleute brauchten keinen Ethikkodex. Wie dieses Verhalten aussah, wie es sich bis heute entwickelt hat und wodurch es gestützt wurde, ist die Grundlage für die Entwicklung eines Leitbildes. „Ein Leitbild wächst aus einer gründlichen Analyse der historischen Entwicklung und des gegenwärtigen Zustands"[27]. Ein auf diese Weise entwickeltes Leitbild erhält seine Autorität dadurch, dass es nicht ein normativ individual-ethisches wissenschaftliches Konstrukt einer Einzelperson darstellt, sondern aus der Kaufmannsgeschichte und -tradition heraus gewachsen ist. Die Prinzipien des Leitbildes stammen von Kaufleuten und Unternehmern selbst, die ihr großes Maß an praktischer Erfahrung durch überliefertes Verhalten oder Schriften weitergegeben haben. Diese Art der Beweisführung entspräche der Klasse „(IIα) Autorität eines oder mehrerer Menschen" und „II(β) Autorität der Überlieferung, der Bräuche und Gewohnheiten" der Derivationen (schein-logische Erklärungen) bei Pareto (1955, S. 166). Erst die wissenschaftliche Methode setzt diese praktische Erfahrung zu einem von ideologischen Elementen bereinigten Gesamtbild zusammen, das dem wirtschaftenden Menschen verständlich sein muss. Es geht also formal darum, über die Jahrhunderte von Wirtschaftssubjekten als gut befundene Verhaltensmuster zu finden, auf Übereinstimmungen zu überprüfen, diese zu systematisieren und so ein allgemeingültiges und vor allem zukunftsfähiges Leitbild zu formulieren.

D. Gesellschaftsgeschichtliche Analyse des Ehrbaren Kaufmanns

I. Vorgehensweise

Gesellschaftsgeschichte bezieht sich im Rahmen dieses Beitrags auf die Lebenswirklichkeit der Menschen. Es geht also nicht um die großen Ereignisse der jeweiligen Zeit, sondern um die Mikroperspektive, die Sicht der handelnden Akteure. Im engeren Sinne handelt es sich um Mentalitätsgeschichte, die durch das Sammeln, Sichten und Vergleichen von Einzelangaben ermittelt wird[28]. Gerade weil die Ehrauffassung „ein überhistorisches, ideelles Normensystem ist"[29] und in naher Verwandtschaft zum wirtschaftlichen Ruf steht, zwängt sich eine gesellschaftsgeschichtliche Analyse als Ausgangspunkt geradezu auf. Bewusst ist nicht die Rede von Wirtschaftsgeschichte, weil gerade bei der Betrachtung des Ehrbaren Kaufmanns immer auch der Bezug zur Gemeinschaft hergestellt wird. Wirtschaft und Gesellschaft sind nicht voneinander zu trennen, sie stehen in Wechselwirkung zueinander. Die Fragestellung wird also auch implizit lauten: Wie denkt die Gesellschaft über den gut wirtschaftenden Menschen, denn der Ehrbare Kaufmann ist derjenige Kaufmann, der im Einklang mit der Gesellschaft handelt. Die Interpretationsleistung und -technik des Historikers ist für die Analyse bestimmend[30], jedoch ist beim Ehrbaren Kaufmann das oben erwähnte Problem der Typisierung nicht relevant, weil ja gerade nach dem bestimmten, dem guten Typus gesucht wird, ohne den Anspruch auf einen historisch dominierenden Regelfall.

Der zeitliche Rahmen der Analyse reicht vom Hochmittelalter des 11. Jahrhunderts bis zum Beginn der Moderne. Der zeitliche Ausgangspunkt ist sinnvoll, weil er mit dem Auftreten des Kaufmanns und seinem Wirken in den Städten Europas den Beginn einer langen gesellschaftlichen Entwicklung markiert, die unsere Gegenwart wie durch einen roten Faden mit der Vergangenheit verbindet. Es werden Werke untersucht, die den Ehrbaren Kaufmann explizit oder implizit durch die erwähnten Synonyme thematisieren. Ich werde diese in einen Gesamtzusammenhang stellen, der eine Entwicklung erkennen lassen wird und parallel den Bezug zur BWL herstellen.

II. Mittelalter

Im Mittelalter[31] erlebten die Menschen in Europa eine Zeit radikalen Wandels. Die kommerzielle Revolution[32] verdrängte im Hochmittelalter die bis dahin gültige Wirtschaftsordnung der Schenkungswirtschaft[33]. Der Kaufmann schuf durch sein Handeln eine neue internationale[34] Realität. Europa wurde durch zwei große Gruppen von Kaufleuten bestimmt, die Italiener im europäischen Süden und die Hansen im Norden[35].

1. Anfänge: Der italienische Kaufmann

Eine Anleitung zu ehrenhaftem Handel des Kaufmanns ist für die frühen Jahrhunderte des Mittelalters nicht auszumachen[36]. Im 11. und 12. Jahrhundert waren Kaufleute noch überwiegend zu Fuß unterwegs (sie wurden deswegen häufig Staubfuß genannt), um ihre Waren abzusetzen. Sie waren überall fremd und dadurch verdächtig Betrüger zu sein[37]. Zu dieser Zeit gab es noch keine modernen Beweisverfahren. Man war auf die Anzahl von Eidhelfern oder auf so genannte Gottesurteile (Feuerprobe, Schwertkämpfe etc.) angewiesen.[38] Damit war das Leben des wandernden Kaufmanns sehr gefährlich und er musste hohe Risiken eingehen.

Eine weitere Bedrohung war das Repressaliensystem. Hatte ein Kaufmann Schulden bei einem Stadtbewohner, so konnte dieser den nächsten vorbeikommenden Kaufmann zur Herausgabe der Schulden im Namen des eigentlichen Schuldners zwingen. Wenn dieser die Schulden bezahlte, war er berechtigt, das Geld vom eigentlichen Schuldner einzufordern. Die praktische Umsetzung war indes schwierig und das System bedrohte die Existenz jedes einzelnen Kaufmanns. Als Konsequenz schlossen sich die Kaufleute zusammen und entwickelten eigene Beweis- und Gerichtsverfahren, die die Achtung des Rechts von allen Mitgliedern einforderten. „Das Kaufmannsrecht wurde eines von ‚Treu und Glauben'. Der reisende Staubfuß wurde zum ‚Ehrbaren Kaufmann'." Dies ging einher mit der Entstehung der Städte.[39]

a) Leben in der städtischen Gemeinschaft

Das wichtigste Instrument zur Bewahrung gesellschaftlich gewünschten Verhaltens in der mittelalterlichen Stadt war die Ehre. Ein altes Sprichwort sagt „Ehre verloren – alles verloren"[40]. Die Regeln, an die man sich halten musste, um seine Ehre zu bewahren, waren aber nicht für jeden gleich. In der mittelalterlichen Stadt, dem Lebensraum des Kaufmanns, entwickelte sich eine verfeinerte Ständehierarchie. An der Spitze standen adelige oder geistliche Stadtherren und deren Ministeriale, ferner Patrizier, Grundbesitzer, Fernhandelskaufleute, dann die Masse der Bürger (Handwerker, Krämer, Ackerbürger, Beamte). Jeder Stand entwickelte sein eigenes Ehrverständnis[41]. Wie das des Kaufmanns aussah, wird im Folgenden geklärt; dabei beziehen sich die Quellen überwiegend auf den Groß- oder Fernhandelskaufmann.

Erheblichen Einfluss auf die Entwicklung der Ehre des Kaufmannes hatten die Kaufmannsgilden. Sie verfügten über Rechte, hatten Pflichten zu erfüllen und setzten Normen, die dem Kaufmann eine bestimmte Lebensführung vorschrieben[42]. Die Organisation in Gilden förderte die Handelsexpansion[43], weil sie einen Koordinationsmechanismus darstellte, der dem Informationsaustausch zwischen den Kaufleuten diente und gleichzeitig die Handelsmacht gegenüber Herrschern in anderen Handelszentren erhöhte[44]. Sie hielt die Herrscher davon ab, ihre Macht gegen einzelne Kaufleute willkürlich zu missbrauchen[45]. Sie regelte sowohl das Verhalten nach Außen, als auch das nach Innen, worauf weiter unten näher eingegangen werden soll.

Der Einfluss des Großkaufmanns auf die Städte war sehr groß. Durch den wirtschaftlichen Erfolg nahm die politische Macht zu[46]. Man kann sagen, dass die Städte im 13. Jahrhundert sozial und politisch von den großen Kaufleuten dominiert wurden[47]. Das steigerte das ohnehin schon hohe soziale Ansehen der Kaufleute noch mehr.

Zur Aufrechterhaltung und Sicherung dieser bedeutenden Stellung und zur Abgrenzung von Betrügern gab es bestimmte Verhaltensnormen, die sich die Kaufleute selbst auferlegten. Das Verhalten wurde in den Städten, die in der Regel unter 2000 Einwohner[48] hatten, stetig durch die Mitbürger bewertet. Gab es keine groben Verstöße gegen diese Regeln, konnte sich ein Kaufmann ehrbar nennen. Verletzte er die Regeln, wurde er im schlimmsten Falle von der Gemeinschaft ausgeschlossen, denn die Ehre stellte die Grundlage für das Leben in der Gesellschaft dar. Bourdieu (1976, S. 335-357) hat dafür den Begriff des „symbolischen Kapitals" geprägt, das im Wert steigen (Ehrzuwachs) oder sinken (Ehrentzug oder Schande) kann[49]. Es ist wichtig zu beachten, dass im Folgenden ein Idealbild eines Ehrbaren Kaufmanns gezeichnet wird, das in allen seinen Einzelheiten sicher nur von Wenigen auch wirklich gelebt wurde[50]. Es lässt sich unterteilen in den Besitz praktischer Grundfähigkeiten und tugendhaftes Verhalten.

b) Praktische Grundfähigkeiten

In erster Linie war der Kaufmann ein Mann mit wirtschaftlichen Fähigkeiten, die seinen Erfolg begründeten. Deshalb sind die Kaufmannshandbücher des 14. Jahrhunderts hauptsächlich geprägt von Informationen zur praktischen Erlernung des Berufs Kaufmann[51]. Enthalten waren mathematisches Wissen, Regeln des Schriftverkehrs, geografische Informationen sowie das Wissen über Gewürze und andere Handelswaren[52]. Luca Pacioli (1445-1517), der als Erfinder der doppelten Buchführung gilt, schreibt 1494 im ersten Kapitel seines Werks „Summa de arithmetica, geometrica, proportioni et proportionalità" (im Folgenden Summa), dass zu den drei notwendigen Hauptsachen eines wahren Kaufmanns erstens das Geld, zweitens die Eigenschaft eines guten Rechners und drittens eine ordentliche Rechnungsführung in Bezug auf Schuld und Forderung und auf alle anderen Geschäfte gehören[53]. Die Kaufmannshandbücher und Pacioli selbst müssen als Vorläufer der Betriebswirtschaftslehre gesehen werden. Die doppelte Buchführung gehört beispielsweise noch heute zum Grundwissen jedes Wirtschaftsstudenten und ist ein von Kaufleuten erdachtes Rechensystem zur eigenen Kontrolle und Sicherung der ehrbaren Kaufmannspraxis. Der Fernhandelskaufmann musste über Bildung in den Bereichen Warenkunde, Rechtskunde, der Kunde der verschiedenen Währungen und der jahreszeitlichen Wetterwechsel verfügen. Er musste in der Lage sein, neue Absatz- und Produktarten und neue Formen der Finanzierung zu erkunden. Darüber hinaus brauchte er die Fähigkeit künftige politische Entwicklungen abzuschätzen. Der im Laufe des Mittelalters sesshaft gewordene Fernhandelskaufmann musste ein Organisationstalent besitzen und Menschen kennen und anleiten können.[54] Im Handbuch „Der Handel und der ideale Kaufmann" von Benedetto Cotrugli aus Ragusa heißt es, der Kaufmann „muß sich selbst und seine Geschäfte nach einem rationalen Plan lenken, um sein Ziel – den Reichtum – zu erreichen"[55]. Seine rationale Haltung (das Streben nach dem Nützlichen und Konkreten[56]) drückt sich im Pragmatismus aus, wie er ihn in Geschäften pflegte[57]. Neben den Grundlagen in Rechnen, Lesen und Schreiben, war auch die Kenntnis der Volkssprachen unerlässlich (Französich, Italienisch und im Hansebereich Niederdeutsch)[58]. Zusammenfassend waren es sein Gewinnstreben, seine rationale und emotionale Intelligenz, sein Organisationstalent sowie sein politischer und wirtschaftlicher Weitblick, die zur Grundlage seines wirtschaftlichen Erfolgs wurden. Aber diese Fähigkeiten allein machten noch keinen Ehrbaren Kaufmann, genau genommen machten sie nur den Kaufmann. Die Ehrbarkeit spiegelte sich erst in seinem tugendhaften Verhalten wieder, ohne das sein Aufstieg in der Gemeinschaft unmöglich gewesen wäre.

c) **Tugendhaftes Verhalten**
Begriffsgeschichtlich war Ehre bis zum 18. Jahrhundert gleichbedeutend mit Ehrlichkeit. Ehrlichkeit war keine moralische, sondern eine soziale Kategorie und bedeutete ursprünglich die ständische Ehrenhaftigkeit der Adligen und später der Bürger, zu denen auch der Kaufmann zählte. Ehrlich hieß soviel wie achtbar und reputabel und bedeutete demnach mehr als unser heutiges Verständnis von ehrlich im Sinne von „die Wahrheit sagen".[59] Frühestens im 13. Jahrhundert bekam die Wahrung der Ehre als soziales Ansehen durch die Einhaltung äußerer Zeichen auch eine ethische Qualität im Sinne der inneren Ehre[60]. Die Ehrauffassung der Kaufleute wurde besonders durch berufsbezogene Charakteristika geprägt[61]. Das heißt die oben erwähnten praktischen Fähigkeiten sind für die Zuerkennung der Ehre genauso wichtig wie die tugendhaften Eigenschaften.

Im berühmten Handbuch „Practica della Mercatura", betitelt und herausgegeben um 1340[62], gibt der Autor Francesco Balducci[63] Pegolotti in seiner Einleitung die Verse von Dino Compagni[64] wieder: „What Every True and Honest Merchant Must Have Within Himself. / Integrity always suits him, / Long foresight keeps him well, / And what he promises doesn't come lacking; / And he should be, if able, of beautiful and honest behaviour / According to what need or reason he intends. / And to buy cheap he sells dear, / Beyond rebuke with a beautiful welcome, / He awails himself of the church and gives for God, / He grows in a merit, and sells with a word. / Usury and the game of dice are forbidden / And take away everything. / He writes his calculations well and does not err. / Amen"[65].

Diese Quelle liefert zum Einstieg viele Eigenschaften des wahren und ehrlichen, also Ehrbaren Kaufmanns und zeigt deutlich, dass die Ehrbarkeit von beiden, den praktischen und den tugendhaften, Eigenschaften des Kaufmanns abhängt. Praktischer Natur sind demnach der Weitblick, billig kaufen und teuer verkaufen und fehlerloses Rechnen. Vollkommen wird er durch Anstand, Redlichkeit, bewundernswertes und ehrliches Verhalten, ohne Tadel, mit herzlicher Dankbarkeit, Unterlassen von Wucher und Glücksspiel, die alles fortnehmen. Er wächst mit seinem Verdienst, sein Wort gilt und zu guter letzt findet er Erlösung bei der Kirche und gibt für Gott.

Drei Dinge fallen auf beim Studium der vorangegangenen Verse: die Wertschätzung bestimmter Charaktereigenschaften oder Tugenden im Zusammenhang mit Geschäftsverhalten, das Verhältnis zu Gott und in seinem Namen ganz zuletzt das Geben an die Gemeinschaft.

(i) Charaktereigenschaften oder Tugenden im Zusammenhang mit Geschäftsverhalten: Den Schreibern der Kaufmannshandbücher war bewusst, dass ethisches Verhalten und der gute Name des Kaufmanns Güter waren, die ebenfalls geschützt werden mussten[66]. Das erste wirklich ausführliche Handbuch ist der „Zibaldone da Canal" (im Folgenden Zibaldone), venedigschen Ursprungs datiert er um etwas nach 1320[67]. Der Zibaldone äußert sich zu den Folgen des Schmuggels folgendermaßen: „you lose faith and honor by it, so that they will never trust you as before your crime was found out"[68]. Durch kriminelle Machenschaften verlor der Kaufmann Vertrauen und seine Ehre. Dies ist demnach eines der frühesten Dokumente, in denen der Ehrbare Kaufmann in Erscheinung tritt. Es enthält auch ein langes Gedicht mit dem Titel „Die Grundsätze Salomons", das eine moralische Richtschnur darstellen sollte: „Cheat not rich man nor poor/ since you know not what you may encounter:/ a man may buy other things,/ but not fortune."[69] Betrug konnte demnach ungeahnte Dinge hervorrufen und die Fähigkeit mit dem erlangten Geld Dinge zu kaufen, sollte nicht glücklich machen. Alfredo Stussi schreibt in der Einleitung seiner Edition des Zibaldone, dass der Verfasser desselben Verse zu „mercantile morals" verwendet hat, zum Beispiel „Take care to have nothing to do with thieves/ nor to buy their wares/ from that can only come harm/ and dishonor."[70] Gegenseitiges Vertrauen war wichtig für Kaufleute, die im weiten Mittelmeerraum handelten. Luca Pacioli sagte im bereits oben zitierten Werk Summa 1494 ebenfalls in Kapitel 1: „Es gilt nichts höher als das Wort des guten Kaufmanns und so bekräftigen Sie ihre Eide, indem sie sagen: Bei der Ehre des wahren Kaufmanns (per fidem bonae et fidelis mercatoris)."[71] Der Kaufmann musste seinen Ruf schützen, denn ein beschädigter Ruf war sein Ruin. Wenn er mit seinen Partnern langfristig Geschäfte machen wollte, sollte er sie auf Mängel aufmerksam machen, oder Schadensersatz leisten, wenn es sich um versteckte Mängel handelte.[72] Berthold von Regensburg (um 1210-1272) sagte: „Wenn sie auf rechte Maße und Gewichte achteten und sich des Kardinalübels der Kaufleute, des Schwörens und Lügens beim Ein- und Verkauf enthielten, dann konnte der Beruf ehrenhaft ausgeübt werden."[73] Sich auf das Wort des

anderen Kaufmanns verlassen zu können, war die Grundlage für das Vertrauen zueinander. Um dieses in einem Rahmen von verschiedenen kulturellen und religiösen Hintergründen zu erhalten, war es wichtig die Bräuche und Gesetze fremder Orte zu kennen[74] und zu wissen, wo man freundlich aufgenommen wurde[75]. Der erfolgreiche italienische Fernhandelskaufmann war ein Kosmopolit von toleranter, freundlicher und aufgeschlossener Natur. Das passt zusammen mit seiner tiefen „Friedensliebe"[76] und zugleich des Bedürfnisses nach der Sicherung der öffentlichen Ordnung. Krieg behinderte den Geschäftsverkehr, verhinderte Investitionen, machte Forderungen unsicher und brachte die Währung durcheinander.[77] Ein Kaufmann musste vorsichtig sein, ein Gespür für seine eigenen Interessen haben, Geschäftsgeheimnisse hüten und misstrauisch gegenüber anderen sein. Er sollte Angst haben Geld zu verlieren. Für all das brauchte er Erfahrung.[78] Es ist eine pragmatische Geschäftsmoral „des goldenen Mittelwegs, der Vorsicht, ja des Misstrauens"[79]. Um ihrer Würde gerecht zu werden, sollten Kaufleute nicht „die brutalen Manieren der groben Soldaten haben, und nicht die liebedienerischen Manieren der Possenreißer und Komödianten, vielmehr muß sich in ihrer Sprache, ihrem Vorgehen und in ihrer gesamten Handlungsweise ihre Ernsthaftigkeit widerspiegeln" schrieb Benedetto Cotrugli, ein Kaufmann aus Regusa[80]. In den Ratschlägen von Kaufleuten spiegelte sich das Verlangen wider, die Prinzipien des Berufslebens zu beschreiben, die das Vermögen mehren. Aber sie wendeten sich auch der Erziehung der Kinder zu, die nach dem Tod des Kaufmanns das Vermögen erhalten sollten. Die Beschreibungen reichen so weit einen Charakter herauszubilden, der zugleich Lebensglück erfahren und erfolgreich sein konnte.[81] In den „Memoiren" von Giovanni di Pagnolo Morelli finden sich die Tugenden Höflichkeit, gute Erscheinung, gute Erziehung, die den guten Ruf und die Geschäfte auf dem Markt fördern. Er schreibt: „Macht keine Geschäfte mit jemandem, der die Arbeit, die Partner oder die Meister gewechselt hat. Und seid mißtrauisch, euer Geld oder eure Geschäfte einem Mann anzuvertrauen, der spielt, der ausschweifend lebt, der sich zu aufwendig kleidet, der feiert, kurz, einem Mann ohne Hirn."[82] Das führt zum Lob der Klugheit, Ordnung, der Sicherheit, aber im richtigen Moment ist auch der Wagemut empfohlen, das Geschwätz ist die Sünde des Kaufmanns[83].

(ii) Verhältnis zu Gott: Zu Beginn des Mittelalters war der Einfluss der Kirche auf die Gesellschaft noch groß. Mit dem Aufstieg der Städte und der Kaufleute änderte sich diese Situation[84]. Dennoch blieb der Mensch des Mittelalters durchdrungen von Religiosität, so auch der Kaufmann[85]. Innerhalb der Kirche gab es ein widersprüchliches Verhältnis zum steigenden Einfluss des Kaufmanns. Offiziell verurteilte sie die Gewinnsucht und den Geldverleih[86]. In der Praxis jedoch wurden Kaufleute schon früh als gute Christen in die Gemeinschaft aufgenommen[87]. Die Kirche war sich uneins über den religiösen Stand des Kaufmanns und so zitierte sie unterschiedliche biblische Stellen, je nachdem, wo sie ihn haben wollte. In „Die Gleichnisse vom Schatz und der Perle" (Mt 13,44-46) werden Kaufleute gelobt und in „Die Klage über den Untergang Babylons" (Offb 18,11-17) werden sie für den Verfall mit verantwortlich gemacht[88].

Als Christen beriefen sich auch die Kaufleute bei all ihren Handlungen auf Gott. Zu Beginn der Handelsbücher findet sich folgender Satz: „Im Namen unseres Herrn Jesus Christus und der Heiligen Jungfrau Maria Seiner Mutter und aller Heiligen des Paradieses, durch ihre heilige Gnade und Barmherzigkeit sei uns Gesundheit und Gewinn gegeben, sowohl auf dem Lande wie zur See, und dank dem seelischen und körperlichen Heil mögen sich unsere Reichtümer und unsere Kinder vermehren. Amen."[89] Die erste Tugend war die Demut, der Respekt vor Gott und dem Anteil, der ihm im erfolgreichen Leben zukommt[90]. Die Folge war, dass die Kaufleute bei der Gründung einer Gesellschaft Gott zum Teilhaber erklärten. Er hatte ein eigenes laufendes Konto und erhielt einen Gewinnanteil[91], der in den Büchern unter dem Namen „Messer Domeneddio" eingetragen war. Bei Bankrott wurde Gott als Erster ausbezahlt. Gott stand für die Armen, die ihn auf Erden repräsentierten. Es gab auch eine kleine Kasse mit Kleingeld, die neben dem Geldschrank stand. An Feiertagen gaben die Handelsgesellschaften jedem Gesellschaftsmitglied Taschengeld, um es als Almosen an die Armen zu verteilen.[92] Der berühmte Kaufmann Francesco di Marco Datini (1335-1410) war bekannt für seine guten Taten im Namen Gottes[93], die unter mittelalterlichen Kaufleuten zahlreich waren[94].

(iii) Verhältnis zu ihrer städtischen Gemeinschaft: Die Kaufleute hatten einen großen Einfluss auf die Entwicklung der Städte. Benedetto aus Ragusa schrieb im 15. Jahrhundert in seinem Handbuch „Der Handel und der ideale Kaufmann": „Die Würde und das Handwerk des Kaufmanns sind in vieler Hinsicht groß [...] An erster Stelle aufgrund des Gemeinwohls, denn auch Cicero ist die Förderung des Gemeinwohls ein ehrenwertes Ziel, für das man selbst sein Leben opfern sollte [...] Der Fortschritt, das Gemeinwohl und der Wohlstand der Staaten beruhen zu einem großen Teil auf den Kaufleuten; [...] Die Arbeit der Kaufleute ist zum Wohle der Menschheit eingerichtet."[95] Auch Luca Pacioli sagte in seinem Werk „Divina Proportione" aus dem Jahr 1497: „Und der Kaufmann sorgt dafür, dass der Mensch durch Tausch erhält, was ihm nicht spontan durch Großherzigkeit gewährt wird. Der Kaufmann ist das Scharnier im gesellschaftlichen Leben"[96]. Die Kaufleute waren sich dieser Bedeutung bewusst. Für ihren hohen sozialen Rang, für die Ehrerweisung, erwartete die Stadt, dass die Ehrbaren Kaufleute sich für die städtischen Belange einsetzten[97]. Sie wussten, dass es in ihrem Interesse ist, wenn sie durch Wohltätigkeit den sozialen Frieden aufrechterhielten[98]. Die Stadt war die Grundlage ihres Erfolges, ihrer Geschäfte und ihrer Macht. Sie nahm in ihren Überlegungen und Gefühlen die oberste Stelle ein[99]. Sie förderten als Mäzene[100] die Literatur und Kunst innerhalb ihrer Stadt[101] und betrachteten die Kultur als Teil ihres Prestiges (äußere Ehre). Das war nicht nur einfacher Patriotismus im Sinne von Vaterlandsliebe. Es war das rationale Wissen um das Verdienst der Gemeinschaft für den eigenen sozialen Aufstieg, das Wissen um die eigenen Wurzeln und ihre Bedeutung. Dieses ausgeglichene Geben und Nehmen zwischen den nach Reichtum strebenden Individuen und der Gemeinschaft hielt den sozialen Frieden aufrecht und dass dies so war, förderte das Selbstbewusstsein und die Zufriedenheit des Ehrbaren Kaufmanns. Die Verinnerlichung dieser Tatsache drückt das Fresko „Die gute Regierung" im Saal des Palazzo Pubblico, dem Tagungssaal der Regierung, von Ambrogio Lorenzetti, durch die Gemeinde Siena um das Jahr 1337 in Auftrag gegeben, aus. Auf der einen Seite ist ein Alter zu sehen, der für die Tugenden Friede, Stärke, Klugheit, Güte, Hoffnung und Gerechtigkeit steht. Auf der anderen Seite wird die friedliche Harmonie und arbeitsame Aktivität auf dem Land und in der Stadt als „Die Folgen der guten Regierung" von einer geflügelten Frau präsentiert, die aussieht wie die Fortuna: die Securitas. An einer anderen Freske prangert Lorenzetti „Die Folgen der schlechten Regierung" mit einem Wort an: Krieg.[102]

Der Ehrbare Kaufmann im Italien des Mittelalters bestimmt sich kurz gefasst aus einem Bündel von Tugenden, Verhaltensweisen und Einsichten, die zum Ziel haben, den

Vorteil des Kaufmanns mit der christlichen Gemeinschaft generationenübergreifend in Einklang zu bringen und er wurde in Kaufmannshandbüchern, den Vorläufern der Betriebswirtschaftslehre, als Leitbild gelehrt.

2. Der Hansekaufmann

Die Quellen legen nahe, dass der Aufstieg der Hanse[103] in Nordeuropa mit ihrem Zentrum in Deutschland in einer sehr ähnlichen Art und Weise wie in Italien geschah. Die grobe Unterteilung der Hanse in die Kaufmannshanse (ca. 1160-1356/58) und in die Städtehanse (1356/58-1669) macht deutlich, dass es in der Anfangszeit tatsächlich die Kaufleute waren, deren Zusammenschlüsse auf Fernhandelsreisen den Ursprung der Hanse bildeten[104]. Man kann die Hanse als einen Körper sehen, der aus etlichen Freundschaften und Bündnissen bestand[105]. Sie ist nicht zu trennen vom „Mercator hansae Teutoricorum" oder wie der Hansekaufmann oft genannt wurde, der „gemeene copman"[106]. Der Zweck dieses freien Städtebündnisses war es zweifelsohne, den Wohlstand des Kaufmanns zu sichern[107], indem durch gemeinsame Regeln, Verhaltensregeln[108] und Organisationen der Handel geschützt und gefördert wurde[109]. Das gemeinsame Auftreten als „Kaiserliche" oder „Deutsche"[110] war für ihre Verhandlungsmacht ebenso ein Vorteil, wie die der größeren Gilden in den Städten Italiens[111].

So detailliert, wie oben der italienische Ehrbare Kaufmann beschrieben werden konnte, wird es mit dem Hansekaufmann nicht gelingen können. Die vorliegende Quellenlage ließ das nicht zu und Aussagen eines Historikers, der 1899 vom „gänzlich unbestimmte[n] Begriff ‚Ehrb. Kaufmann'"[112] sprach, drücken eine Unsicherheit über den Begriffsinhalt aus, die in Norddeutschland bis heute fortbesteht[113]. Ein Grund mag sein, dass die Ehre als Selbstverständlichkeit galt, die überall präsent war[114] und deshalb im Nachhinein schwer fassbar war. Die vorausgegangene Analyse des italienischen Kaufmanns kann helfen, diese Unsicherheit zu beseitigen. Denn die Lebensumstände waren in beiden Regionen sehr ähnlich und die Berührungspunkte zwischen den Fernhandelskaufleuten waren groß. Die Hansekaufleute hatten zum Beispiel am Canale Grande, im Fondaco dei Tedeschi in Venedig, einen eigenen Handelshof[115] und Brügge war die große Stadt, die beide Zentren, Venedig und die Hanse, miteinander verband[116]. Die Beschreibung des großen hansischen Kaufmanns als gebildeten Mann, der Chroniken und Historien las[117], ist ein weiteres Indiz dafür, dass er auch bereit war sich mit der südlichen Kultur auseinanderzusetzen. Wenn im Folgenden die Eigenschaften näher beschrieben werden, wird sich zeigen, dass die Parallelen zwischen den beiden Kaufmannstypen sehr stark sind. Auch hier geht es wieder um die Darstellung der Idealeigenschaften, die wohl nur in Ausnahmen von einigen Wenigen wirklich so gelebt wurden[118].

Nachdem der Hansekaufmann wandernd sein Geld verdiente, wurde er im 14. und 15. Jahrhundert sesshaft[119]. Er war gewöhnlich Mitglied in mehreren Handelsgesellschaften, wo er die Rolle eines gleichberechtigten Teilhabers am einzelnen Geschäft spielte[120]. Diese Gesellschaften bestanden meist aus Familienmitgliedern[121], wobei trotz Verwandtschaft immer auf eine ordnungsgemäße Verbuchung und Abrechnung geachtet wurde[122]. Als praktische Grundfähigkeiten galten auch hier Lesen, Schreiben, Rechnen und die Fähigkeit Korrespondenz zu führen, im Kontor oder aber auch für die Stadt. Dazu kam selbstverständlich das Gewinnstreben, mit einem ausgeglichenen Verhältnis von Risiko und Sicherheit.[123] Geschäftsabschlüsse auf Treu und Glauben schafften Vertrauen und stärkten die Ehre, die eng mit dem „gelovens", der Kreditwürdigkeit zusammenhing. Der Verlust bedeutete den wirtschaftlichen Ruin. Der Kaufmann musste folglich alles für die Erhaltung seines Ansehens tun.[124] Wirtschaftlicher Schaden war gleichbedeutend mit Schande[125]. Sparsamkeit, Bescheidenheit und Maßhalten lieferten sodann die Grundlage für die Vermögenssicherung[126]. Der typische Großhandelskaufmann besaß Grundeigentum und war ein hervorragender Politiker im Dienste seiner Heimatstadt[127], denn in der ständischen Ordnung genossen die akademisch-kaufmännischen Berufe das höchste Ansehen[128]. Nicht selten waren Kaufleute Bürgermeister, für gewöhnlich in der Spätphase ihrer kaufmännischen Karriere[129]. So wurde Hinrich Castorp (gegen 1420-1480) im Jahre 1472 Bürgermeister von Lübeck, dem Zentrum der Hanse. Er las und sammelte Chroniken und Historien und seine Religiosität drückte sich in der Verehrung der heiligen Anna aus.[130] Vor Fernhandelsreisen fasste der Kaufmann sein Testament ab, in dem er immer fromme Stiftungen vorsah[131]. Die enge Bindung zu Gott drückte sich auch in der obligatorischen Pilgerfahrt des Kaufmanns aus, die einmal im Leben unternommen wurde[132]. Gott war so allgegenwärtig[133] wie bei den Italienern, er war Mitglied in den Handelsgesellschaften und sein Anteil, der ebenfalls an die Armen ging, wurde „Gottespfennig" genannt[134]. Castorp wusste, dass die Grundlage für Lübecks Fortbestehen der Frieden war und versuchte den Krieg mit England bis zuletzt zu verhindern. Allerdings führte er ihn mit aller Beharrlichkeit, als er ausgebrochen war. Sein Weitblick und seine Friedensliebe stehen für die hansischen Tugenden. Ein Wort von ihm bringt den Geist der Hanse gut zum Ausdruck: „Lasset uns tagfahrten; denn leicht ist das Fähnlein an die Stange gebunden, aber es ist schwer, es mit Ehren wieder abzunehmen."[135] So nimmt er direkten Bezug zur sozial stabilisierenden, lebenswichtigen Ehre. Trotz des grundlegenden materiellen Interesses waren die Hansen tolerant gegenüber fremden Nationen und Religionen. Ihre friedliebende Einstellung führte dazu, dass sie Konflikte untereinander und mit dem Ausland zuerst durch Schlichtung und Verhandlungen zu verhindern suchten.[136] Die Ehrbarkeit wurde aufrechterhalten durch ein schickliches Benehmen und die Vermeidung von Verschwendung. Schande brachten Würfelspiele um Geld und schändliche Reden, besonders gegenüber Frauen sowie Beleidigungen, vor allem gegenüber der Obrigkeit[137]. Durch die Gefahren, denen die Hansen ausgesetzt waren, entwickelte sich ganz natürlich ein starker Gemeinsinn[138].

Die Ähnlichkeiten zwischen dem Ehrbaren italienischen und dem Ehrbaren hansischen Kaufmann sind also tatsächlich erstaunlich groß. Deutliche Aussagen zum Ehrbaren Kaufmann als Leitbild zur Zeit der Hanse konnten nicht gefunden werden.

III. Frühe Neuzeit – Der Ehrbare Kaufmann im deutschen Bürgertum

Der Niedergang der Hanse und der Dreißigjährige Krieg (1618-1648) lähmten die wirtschaftliche Entwicklung Deutschlands. Der Handel wurde provinziell[139]. Die Bürger der Städte entwickelten sich zum so genannten Bürgertum, einer „ständeüberschreitenden Funktionselite". Den Kern dieser Gruppe bildete die Beamtenschaft der Fürstenstaaten, die am schnellsten expandierte.[140] Der Kaufmann verlor seine große Bedeutung und wurde ein Bürger unter vielen. Dennoch gab es weiterhin die Ehrbarkeit der Kaufleute.

1. Veränderungen des Ehrverständnisses

Die Religion verschwand in dieser Zeitspanne größtenteils aus dem Ehrverständnis[141]. Durch die Bewegung der Aufklärung verweltlichte sich die bürgerliche Ehrbarkeit der Bürger und des Kaufmanns[142]. Von nun an galt der Tugendhafte als ehrbar. Der durch Vernunft und Moral bestimmte Ehrbegriff war dadurch viel stärker als früher an die innere Ehre in Bezug auf das Geschäftsverhalten gebunden. Die Ehrbarkeit des Kaufmanns war sein guter Name. Er bestimmte die Kreditwürdigkeit. Somit musste der Kaufmann strikt die Grundsätze von Treu und Glauben einhalten und einen untadeligen Lebenswandel führen. Leistung und Tüchtigkeit steigerten die Ehre, Bankrott führte zu Ehrverlust.[143] Diese Beschreibung des Ehrbaren Kaufmanns ähnelt der aus dem Mittelalter. Die Art der Ehrbarkeit hielt sich also relativ stabil und ging in das Bürgertum und den bürgerlichen Kaufmann über. Sombart (1920) hat den Ehrbaren Kaufmann des Bürgertums ausführlich beschrieben, nur nannte er ihn nicht so. Er nannte es den „Bürgergeist". Unter Geist versteht Sombart „die Gesamtheit seelischer Eigenschaften und Tätigkeiten, die beim Wirtschaften in Betracht kommen. Alle Äußerungen des Intellekts, alle Charakterzüge, die bei wirtschaftlichen Strebungen zutage treten. Ebenso aber auch alle Zielsetzungen, alle Werturteile, alle Grundsätze von denen das Verhalten der wirtschaftenden Menschen bestimmt und geregelt wird."[144] Geht man nach dieser Definition, wird deutlich, dass man bei der Suche nach dem Ehrbaren Kaufmann genauso von der Suche nach dem guten Geist des Kaufmanns sprechen könnte. Sombarts Ausführungen sind, wenn er vom Typus des Bürgers spricht[145], der realen Beobachtung gewidmet, nicht dem Ideal. Dennoch finden sich in seinen Beschreibungen vom „Bürgergeist" viele der Eigenschaften der Ehrbaren Kaufleute des Mittelalters wieder. Das geht damit einher, dass Sombart vorgeworfen wurde, er zeichne ein zu idyllisches vorkapitalistisches Bild[146]. Diesen Eindruck kann man beim Lesen tatsächlich gewinnen. Doch selbst, wenn es zu positiv dargestellt ist, ist das in keinem Fall schädlich für diesen Beitrag, im Gegenteil. Im Folgenden werden Sombarts Beschreibungen zum Bürgergeist wiedergeben[147].

a) Sombarts „Bürgergeist"
Sombart trennt den Bürgergeist in zwei große Bereiche: „Die heilige Wirtschaftlichkeit"[148], die auf die innere Ausgestaltung der Wirtschaft zielt und in die „Geschäftsmoral"[149], die die Beziehungen der Wirtschaftssubjekte zur Kundschaft und Außenwelt darstellt. Der Beziehung des Ehrbaren Kaufmanns zur Gemeinschaft widmet er sich gesondert in Kapitel 12.

(i) Wirtschaftsregeln: Der erste Bereich beschreibt die Wirtschaftsregeln, die zu einer guten Wirtschaft gehören. Die Rationalisierung der Wirtschaftsführung, mit dem Grundsatz die Einnahmen größer als die Ausgaben zu halten, steht an erster Stelle[150]. Es folgt die Ökonomisierung der Wirtschaftsführung, die Sparen („Ökonomie des Stoffes") zur höchsten Tugend macht, weil es der Wohlstand mehrende Gegenpol zu hohen Einnahmen ist[151]. Ergänzt wird das Sparen durch eine „Ökonomie der Kräfte"[152]. Das meint das Haushalten mit der Seele (Sombart meint damit ein ausgeglichenes Gefühlsleben), mit dem Körper (Achten auf die körperliche Gesunderhaltung) und mit der Zeit. Dem Aspekt des Haushaltens mit der Zeit widmet er sich ausführlicher, aus ihr folgen die Tugenden Fleiß, Betriebsamkeit und Maßhalten als Quellen des Reichtums und als Gegenteil zum schänd-

lichen Müßiggang und der Verschwendung[153]. Sombart legt an einigen Beispielen dar, dass diese Grundlagen vom 16. bis 18. Jahrhundert in ganz Europa in Lehrschriften für Kaufleute zu finden waren[154]. Auch diese sind die Vorläufer der Betriebswirtschaftslehre. Das Tugendschema von Benjamin Franklin (1706-1790) ist für Sombart die bürgerliche Lebensauffassung in ihrem „letzten und höchsten Ausdruck"[155]. Deshalb fügt er sogar den Originaltext von Franklin, der selbst über kaufmännische Erfahrung verfügte, in die Beschreibung ein[156]. Die Tugenden sind beginnend mit der wichtigsten: Mäßigkeit, Schweigen, Ordnung, Entschlossenheit, Genügsamkeit, Fleiß, Aufrichtigkeit, Gerechtigkeit, Mäßigung, Reinlichkeit, Gemütsruhe, Keuschheit und Demut[157].

(ii) Wirtschaftsmoral: Im Abschnitt zur Wirtschaftsmoral beschreibt Sombart das Verhalten des Kaufmanns zur Außenwelt[158]. Zum Ausdruck kommt diese in der Realität meist durch die „kaufmännische Solidität: also Zuverlässigkeit im Halten von Versprechungen, ‚reelle' Bedienung, Pünktlichkeit in der Erfüllung von Verpflichtungen". Er beschreibt dies als „Moral der Vertragstreue", weil die Beziehungen unter Kaufleuten nicht zwingend persönlicher Natur sein mussten, sondern auf das einzelne Geschäft bezogen waren. Die Moral der Vertragstreue als Tugend verstanden, enthält die Grundsätze Einfachheit, Wahrhaftigkeit, Treue und Ehrlichkeit.[159] Diese Grundsätze sind bis zum 18. Jahrhundert jedem gelehrt worden, der Kaufmann werden wollte[160]. Die Geschäftsmoral beinhaltet noch eine weitere Komponente, die Sombart als „bürgerliche Wohlanständigkeit" bezeichnet. Sie verfolgt das Ziel, über ein bestimmtes Verhalten nach außen zu signalisieren, dass man vertrauenswürdig ist, also im Sinne des Geschäftsinteresses kreditwürdig. Der Kaufmann muss korrekt leben, sich aller Ausschweifungen enthalten, sich nur in anständiger Gesellschaft zeigen, er darf kein Trinker, kein Spieler, kein Weiberfreund sein, er muss zur heiligen Messe oder zur Sonntagspredigt gehen.[161] Das gesamte Verhalten lässt sich dann unter dem Begriff Ehrbarkeit zusammenfassen, die in ganz Europa von großer Bedeutung war.

(iii) Verhältnis zur Gemeinschaft[162]: Menschliche Aspekte sind für das Handeln des Ehrbaren Kaufmanns von großer Wichtigkeit. Der Mensch bleibt das Maß aller Dinge („omnium rerum mensura homo")[163]. Die geschäftliche Tätigkeit war daher den menschlichen Bedürfnissen angepasst. Das Geschäft war Mittel zum Zweck des Lebens. „Der Reichtum wird geschätzt, ihn zu erwerben ist das heiß ersehnte Ziel, aber er soll nicht Selbstzweck sein; er soll nur dazu dienen, Lebenswerte zu schaffen oder zu erhalten."[164] Das gute Gewissen ist für den Kaufmann die Grundlage des Erwerbs. Die Freudigkeit beim Geschäft wird durch richtiges Handeln, aus Ehrfurcht gegen Gott (Demut) und aus Achtung gegen die Menschlichkeit ermöglicht.[165] Das langfristige Ziel für sich persönlich war auch das ruhige Leben im Alter. Sombart nennt es das Rentnerideal[166]. Diese Ruhe drückt sich auch in der Art zu wirtschaften aus. Der Kaufmann strebt kleinen Umsatz mit großem Nutzen an, was Luxusprodukte als lohnenswert erscheinen ließ. Der äußere Ausdruck seiner inneren Ruhe war ein würdevolles Auftreten mit einer steifen und pedantischen Erscheinung.[167] Starkes Konkurrenzverhalten war verpönt. Dem anderen Kaufmann Kunden abspenstig zu machen galt als unsittlich, die Geschäfte durften auch nicht so stark geführt werden, dass andere Bürger daran zu Grunde gehen konnten[168]. Daraus folgt die Unsittlichkeit von Geschäftsreklame, welche „nur als die letzte Verzweiflungstat eines unsoliden Geschäftsmannes angesehen werden" musste[169]. Werbung wurde als Manipulation verstanden[170]. Der Ausgleich zwischen seiner Geschäftstätigkeit und der Gemein-

schaft war sehr wichtig, nur seinen eigenen Vorteil zu sehen, wurde als falsch empfunden[171]. „Gute und echte Waren zu liefern" war selbstverständlich für diesen Ehrbaren Kaufmann[172]. Schlussendlich stand er arbeitssparenden Maschinen skeptisch gegenüber, die ja den Menschen die Lebensgrundlage, ihr Lebensglück, entzieht[173].

Damit ist das Bild, das Sombart unbewusst vom frühneuzeitlichen Ehrbaren Kaufmann zeichnete, vollständig. Deutlich ist die konsequente Fortführung der Ideale des mittelalterlichen Ehrbaren Kaufmanns erkennbar.

E. Bedeutung für die aktuelle CSR-Forschung

Die geschichtliche Analyse hat gezeigt, dass das Leitbild des Ehrbaren Kaufmanns den nachhaltig wirtschaftenden Akteur darstellt. Sein Verhalten stützt sich auf Tugenden, die eindeutig den langfristigen wirtschaftlichen Erfolg zum Ziel haben. Dabei ist er sich stets seiner Verantwortung gegenüber der Gesellschaft bewusst. Im Ehrbaren Kaufmann sind Ethik und Wirtschaft untrennbar verbunden. Er benötigt keinen Kodex guter Corporate Governance. Dieses Ergebnis ist aus folgenden Gründen auch bedeutsam für die gegenwärtige CSR-Forschung:

- Der Beitrag zeigt, dass die gesellschaftliche Verantwortung der Kaufleute und damit auch der Unternehmen (CSR) eine lange Tradition hat. Damit ist der Ehrbare Kaufmann als nachhaltig wirtschaftender Akteur nicht nur das ursprüngliche Leitbild der BWL, sondern auch die individuelle Grundlage für die CSR-Forschung.
- Die bisherige CSR-Diskussion wird überwiegend auf der Unternehmensebene (Mesoebene) geführt. Der vorliegende Beitrag zum Ehrbaren Kaufmann stellt jedoch die Mikroebene in den Vordergrund und trägt damit der Tatsache Rechnung, dass der überwiegende Teil der Unternehmen in Deutschland in der Struktur eines eigentümergeführten Familienunternehmens beschaffen ist[174], in denen sich die individuellen Handlungen des Unternehmers schwer von denen des Unternehmens trennen lassen.
- Der Beitrag unterstreicht, dass die CSR-Forschung als Teil der BWL systematisch in die Grundlagenfächer der kaufmännischen Ausbildung an Hochschulen einfließen sollte und nicht abgeschieden in Wahl- oder Vertiefungsfächern behandelt werden darf.
- Die aktuelle CSR-Forschung ist nicht neu, sondern ein Wiederaufleben bereits diskutierter Themen. Eine vertiefte Aufarbeitung der historischen Beiträge kann die Lücke zur Vergangenheit schließen und neue Impulse für die zukünftige Beschäftigung mit dem Thema geben.

Anmerkungen

1 Vgl. Albach (2003, S. 40).
2 Vgl. Albach (2005).
3 Vgl. Burkhart (2006, S. 26), das Werk bietet einen umfassenden historischen Überblick über das Ehrverständnis in Europa und Deutschland.
4 Vgl. hierzu Der große Brockhaus – Handbuch des Wissens in zwanzig Bänden (1930, S. 273): „Ehre, die Anerkennung unseres persönl., bes. sittlichen Wertes durch andere Menschen (**äußere E.**). [...] **Innere E.**

bedeutet die Anerkennung unserer Person und unseres Verhaltens durch unser eigenes Gewissen. Konflikte zwischen äußerer und innerer E. sind möglich." (Hervorhebungen und Abkürzungen auch im Original); Brockhaus – Enzyklopädie: in 24 Bänden (1988, S. 134): „im mitmenschlichen Zusammensein durch Worte und Handlungen bekundete Achtung gegenüber einer Person; das Angesehensein aufgrund einer geschätzten Tugend (guter Ruf). [...] Eine Form der E. ist die auf das eigene Handeln und die eigenen Einstellungen bezogene Selbstachtung, die von äußerer Anerkennung unabhängig ist (innere sittl. Würde, Verantwortung)." (Abkürzungen auch im Original) und Schopenhauer (1918, S. 68): „die Ehre ist, objektiv, die Meinung Anderer von unserm Werth, und subjektiv, unsere Furcht vor dieser Meinung."
5 Vgl. Burkhart (2006, S. 28).
6 Vgl. Aristoteles (2005, S. 85).
7 Vgl. Aristoteles (2005, S. 42).
8 Vgl. zu den vorangehenden Ausführungen Stippel (1938, S. 2).
9 Vgl. zu den vorangehenden Ausführungen Helle (1957, S. 3–4).
10 Typologie wird hergeleitet vom griechischen Wort „typos", das soviel heißt wie Urbild.
11 Vgl. Graus (1987, S. 30).
12 Der Begriff Eigenwirtschaftler ist Sombart (1923, S.2) entlehnt. Allerdings geht Sombart nicht näher auf diesen Typus ein.
13 Vgl. Brennig (1993, S. 37).
14 Vgl. Sombart (1923, S. 1).
15 Vgl. Bohner (1956, S. 6), er sagt dort „Wenn nicht neben die Gütererzeuger die Güterfinder und -vermittler getreten wären, wie verarmt wäre das Leben".
16 Vgl. Schultz (1997, S. 137).
17 Sombart (1920, S. 132) trifft eine weitere begriffliche Trennung, er nennt den Unternehmer, der aus dem Handwerk kommt „Fabricant" und den aus der kaufmännischen Schule kommenden „Entrepreneur".
18 Vgl. Bohner (1956, S. VI).
19 Vgl. Schultz (1997, S. 90): „Der gewöhnliche Handwerksbetrieb blieb sehr klein, der allein arbeitende Meister ohne Gesellen und Lehrlinge war eher die Regel als die Ausnahme."
20 Vgl. Dollinger (1966, S. 220-221): Ein Hansekaufmann war zwar Mitglied in verschiedenen Handelsgesellschaften, aber „er spielte weniger als Chef eines Unternehmens denn als Teilhaber an zahlreichen einzelnen Geschäften eine Rolle."
21 Vgl. zu den vorangehenden Ausführungen Besanko et al. (2004, S. 70). Ein weiterer Grund für die Notwendigkeit von Managern, ist das Ableben des Unternehmers oder der Austausch des Unternehmers durch den Manager nach Verhandlung mit Kapitalgebern.
22 Zur Höhe und Dynamik der Vorstandsvergütung vgl. Schmidt, Schwalbach (2007).
23 Vgl. CNNMoney.com. http://money.cnn.com/magazines/fortune/global500/2007/snapshots/2255.html, 31.01.2007, Abrufdatum: 09.08.2007.
24 89,93% aller Unternehmen in Deutschland werden von Unternehmern geführt, die für nur 1-19 Mitarbeiter verantwortlich sind. Vgl. hierzu die Statistik der Bundesagentur für Arbeit: Betriebsgrößenklassen (Zahl der Betriebe und ihrer sozialversicherungspflichtig Beschäftigten). http://www.pub.arbeitsamt.de/hst/ services/statistik/detail/b.html, 30.06.2006, Abrufdatum 09.08.2007.
25 Vgl. zu den vorangehenden Ausführungen Graf, Spengler (2004, S. 43).
26 Vgl. Frieling (1992, S. 56–57).
27 Vgl. Lammers, Schmitz (1995, S. 97).
28 Vgl. Graus (1987, S. 29).
29 Vgl. Burkhart (2006, S. 12).
30 Vgl. Afflerbach (1993, S. 188).
31 Einen sehr anschaulichen Überblick über die Kaufleute im Mittelalter bietet Spufford (2004).
32 Zur kommerziellen Revolution vgl. Le Goff (1993, S. 12–17).
33 Vgl. Kaufer (1998, S. 23–26) für eine nähere Erläuterung der Schenkungswirtschaft.
34 Exenberger, Cian (2006) vertreten die Meinung, dass hier der Beginn der Globalisierung zu sehen ist.
35 Vgl. Le Goff (1993, S. 13); auch Exenberger, Cian (2006) widmen ihre Darstellungen Venedig (S. 45–90) und der Hanse (S. 91–134).
36 Vgl. Kaufer (1998, S. 49).
37 Bei Le Goff (1993, S. 91) heißt es, die Kirche bezeichnete ihn gar als Diener des Teufels (diaboli minister).
38 Vgl. zu den vorangehenden Ausführungen Kaufer (1998, S. 41).
39 Vgl. zu diesem Absatz Kaufer (1998, S. 42).

40 Vgl. Burkhart (2006, S. 45).
41 Für einen Überblick zur ständischen Ehre vgl. Burkhart (2006, S. 28–49).
42 Vgl. Rogge (1995, S. 110).
43 Vgl. Avner (2006, S. 100).
44 Vgl. Avner (2006, S. 98).
45 Vgl. Avner (2006, S. 97).
46 Vgl. Le Goff (1993, S. 51).
47 Vgl. Le Goff (1993, S. 42).
48 Vgl. Burkhart (2006, S. 38). In den wichtigen italienischen Städten (Venedig, Mailand, Florenz) stiegen die Einwohnerzahlen im Verlauf des Mittelalters jedoch über 50 000, vgl. Dreikandt (1996, S. 256).
49 Vgl. Backmann, Künast (1998, S. 15).
50 Ein exemplarischer Vertreter des Ausbeutertypus war Sire Jehan Boinebroke aus Douai, vgl. hierzu Le Goff (1993, S. 51–52); auch Brennig (1993, S. 101) berichtet von skrupellosen Geschäftspraktiken, „wie sie zu allen Zeiten zu beobachten sind".
51 Vgl. Dotson (2002, S. 83).
52 Vgl. Dotson (2002, S. 78).
53 Vgl. Pacioli (1494), zitiert nach Kheil (1896, S. 9).
54 Vgl. zu den vorangehenden Ausführungen Kaufer (1998, S. 48) und Favier (1992, S. 370).
55 Vgl. Cotrugli, Benedetto (15. Jahrhundert): Der Handel und der ideale Kaufmann, zitiert nach Le Goff (1998, S. 81).
56 Vgl. Le Goff (1998, S. 97).
57 Vgl. Favier (1992, S. 369).
58 Vgl. Le Goff (1998, S. 101).
59 Vgl. zu den vorangehenden Ausführungen Burkhart (2006, S. 11).
60 Vgl. Burkhart (2006, S. 33).
61 Vgl. Burkhart (2006, S. 40).
62 Der erste Herausgeber war Gian-Francesco Pagnini um 1340, vgl. dazu Dotson (2002, S. 77). Kaufer (1998, S. 49–50) fügt hinzu, dass der ursprüngliche Titel wohl „Libro di Divisamenti die Paesi e die Misuri di Mercatantie" war.
63 Der zweite Vorname Balducci wird bei Kaufer (1998, S. 49) genannt.
64 Vgl. Le Goff (1993, S. 85).
65 Vgl. Balducci (1340): Practica della Mercatura, zitiert nach Dotson (2002, S. 86-87), (Zentrierung auch im Original); eine deutsche Übersetzung findet sich bei Le Goff (1993, S. 85), jedoch weicht diese teilweise von Dotsons englischer Version ab (z.B. fehlt das Würfelspiel), die mir näher am italienischen Original orientiert zu sein scheint.
66 Vgl. Dotson (2002, S. 84).
67 Vgl. Dotson (2002, S. 77).
68 Vgl. Zibaldone da Canal (ca. 1320), zitiert nach Dotson (2002, S. 84).
69 Vgl. Zibaldone da Canal (ca. 1320), zitiert nach Dotson (2002, S. 84).
70 Vgl. Stussi (S. XXVI): Zibaldone, zitiert nach Dotson (2002, S. 84).
71 Vgl. Pacioli (1494), zitiert nach Witt (2007, S. 91).
72 Vgl. zu den vorangehenden Ausführungen Brennig (1993, S. 101).
73 Vgl. von Regensburg, Berthold, Predigten, X. Predigt S. 148, zitiert nach Brennig (1993, S. 104).
74 Vgl. Dotson (2002, S. 85).
75 Vgl. Dotson (2002, S. 86).
76 Vgl. Dollinger (1966, S. 234).
77 Vgl. zu den vorangehenden Ausführungen Favier (1992, S. 365).
78 Vgl. zu den vorangehenden Ausführungen Le Goff (1993, S. 83).
79 Vgl. Favier (1992, S. 375).
80 Vgl. Le Goff (1993, S. 82–83).
81 Vgl. zu den vorangehenden Ausführungen Favier (1992, S. 375).
82 Vgl. Pagnolo: Memoiren, zitiert nach Favier (1992, S. 360–361).
83 Vgl. Favier (1992, S. 361).
84 Vgl. Le Goff (1993, S. 97).
85 Vgl. Le Goff (1993, S. 84).
86 Vgl. Favier (1992, S. 352).
87 Vgl. Le Goff (1993, S. 74).

88 Vgl. Kaufer (1998, S. 88–110) für eine Darstellung des Verhältnisses zwischen Kaufmann und Kirche; eine Ausführliche Diskussion wäre durchaus interessant, ist jedoch im Rahmen dieser Arbeit, die sich auf die Lebenswirklichkeit bezieht und keine theologischen Debatten enthalten soll, nicht passend.
89 Vgl. Le Goff (1993, S. 84–85).
90 Vgl. Favier (1992, S. 355).
91 Vgl. Favier (1992, S. 355), er nennt einen Anteil von einem Prozent eines Geschäfts.
92 Vgl. zu den vorangehenden Ausführungen Le Goff (1993, S. 86).
93 Vgl. Origo (1985) für eine ausführliche Darstellung des Lebens Datinis.
94 Vgl. Le Goff (1993, S. 86).
95 Vgl. Benedetto (15. Jahrhundert): Der Handel und der ideale Kaufmann, zitiert nach Le Goff (1993, S. 80–81).
96 Vgl. Pacioli, Luca (1497): Divina Proportione, zitiert nach Kaufer (1998, S. 55).
97 Vgl. Burkhart (2006, S. 39).
98 Vgl. Le Goff (1993, S. 106).
99 Vgl. Le Goff (1993, S. 120).
100 Genau genommen handelte es sich um Sponsoren, da ihre offen sichtbare Wohltätigkeit einem Zweck dienlich war, während Mäzene im Anonymen spenden, vgl. hierzu Koster (1999, S. 56).
101 Vgl. Le Goff (1993, S. 104).
102 Vgl. zu den vorangehenden Ausführungen Favier (1992, S. 361–362).
103 Für einen kurzen Überblick über die Zeit der Hanse vgl. Exenberger, Cian (2006, S. 45–90), für ausführlichere Studien vgl. zum Einstieg Dollinger (1966) und Bracker (1989).
104 Vgl. Puhle (1989, S. 198).
105 Vgl. Puhle (1989, S. 197).
106 Vgl. Dollinger (1966, S. 209).
107 Vgl. Dollinger (1966, S. 209).
108 Vgl. Exenberger, Cian (2006, S. 102).
109 Vgl. Avner (2006, S. 108).
110 Vgl. Exenberger, Cian (2006, S. 98).
111 Avner (2006, S. 108–109) legt dar, dass durch die relative Größe italienischer Städte, eine interstädtische Koordination zur Handelsförderung, wie sie die Hanse darstellte, nicht nötig war.
112 Vgl. Baasch (1899, S. 49).
113 Die Vortragsreihe (1973–1977) der Versammlung Eines Ehrbaren Kaufmanns zu Hamburg (im Folgenden VEEK genannt) „Der Unternehmer zwischen sozialer Verpflichtung und Erfolgszwang" hatte das Ziel, einen „sach- und zeitgerechten Inhalt" für den Ehrbaren Kaufmann zu bestimmen, vgl. das Vorwort von Herbert Will in Weichmann (1973, S. 5). In den Vorträgen gibt keiner der Referenten eine annähernde Beschreibung zum alten Verständnis des Begriffs. Postel (1992, S. 118–119) konstatiert, dass sich die Aufstellung eines Verhaltenskodex nach 1978 innerhalb der VEEK als unaufstellbar erwies.
114 Burkhart (2006, S. 81) erwähnt die Selbstverständlichkeit der Standesehre im 18. Jahrhundert.
115 Vgl. Schultz (1997, S. 29).
116 Vgl. Greve (2002, S. 178).
117 Vgl. Irsigler (1989, S. 719).
118 Vgl. Greve (2002, S. 82).
119 Vgl. Dollinger (1966, S. 215).
120 Vgl. Dollinger (1966, S. 220–221).
121 Vgl. Afflerbach (1993, S. 79–80).
122 Vgl. Afflerbach (1993, S. 200).
123 Vgl. zu den vorangehenden Ausführungen Afflerbach (1993, S. 189).
124 Vgl. zu den vorangehenden Ausführungen Afflerbach (1992, S. 191).
125 Vgl. Afflerbach (1993, S. 192).
126 Vgl. Maschke (1964, S. 309 und 330).
127 Vgl. Dollinger (1966, S. 223).
128 Vgl. Meyer-Stoll (1989, S. 137).
129 Vgl. Afflerbach (1993, S. 80–81).
130 Vgl. zu den vorangehenden Ausführungen Dollinger (1966, S. 232).
131 Vgl. Dollinger (1966, S. 239).
132 Vgl. Dollinger (1966, S. 242–243).
133 Vgl. Afflerbach (1993, S. 195).

134 Vgl. Le Goff (1993, S. 86).
135 Vgl. zu den vorangehenden Ausführungen Dollinger (1966, S. 234).
136 Vgl. zu den vorangehenden Ausführungen Dollinger (1966, S. 486).
137 Vgl. zu den vorangehenden Ausführungen Dollinger (1966, S. 238).
138 Vgl. Dollinger (1966, S. 244).
139 Vgl. Schultz (1997, S. 41-43) und zum Überblick über Europas Wirtschaftsgeschichte von 1500-1800.
140 Vgl. zu den vorangehenden Ausführungen Stollinger, Barbara (2003): Einführung in die Frühe Neuzeit. http://www.uni-muenster.de/FNZ-Online/sozialeOrdnung/buergertum/unterpunkte/buergertum.htm, Abrufdatum: 13.08.2007.
141 Vgl. Le Goff (1993, S. 96): „Es gab immer noch Katholiken, die Kaufleute waren, aber es sollte immer weniger katholische Kaufleute geben".
142 Vgl. Burkhart (2006, S. 93).
143 Vgl. zu den vorangehenden Ausführungen Burkhart (2006, S. 93).
144 Vgl. Sombart (1920, S. 2).
145 Vgl. Sombart (1920, S. 135).
146 Vgl. Munro (1914, S. 887) und Woll (1994, S. 85); Woll kritisiert an gleicher Stelle, dass Sombart den Einfluss der Religion vernachlässigt. In der Tat vernachlässigt er die religiösen Züge bei den Zitaten von Alberti aus dem Mittelalter, die er mit den Aussagen Franklins aus dem 17. und 18. Jahrhundert vergleicht (S. 135-163). Es geht ihm dabei jedoch nur um die Betonung der Ähnlichkeiten der beiden Aussagen. Da für Franklins Zeit, wie es auch oben im Ehrverständnis dargelegt wurde, die Religion nicht mehr wichtig war, lässt Sombart diese Eigenschaft des mittelalterlichen Kaufmanns weg. Ob dies richtig oder falsch ist, soll hier nicht bewertet werden. Entscheidend ist die Schlussfolgerung, dass Sombart den Geist beschreibt, der kurz vor dem Beginn der Industrialisierung vorherrschte. Er beschreibt den Bürgergeist am Ende der Frühen Neuzeit, der in Kontrast zum kapitalistischen Geist gesetzt, zugegebenermaßen ein wenig zu schön gefärbt gerät.
147 Vgl. Sombart (S. 135-163 und S. 194-211).
148 Vgl. Sombart (1920, S. 137-160).
149 Vgl. Sombart (1920, S. 160-163).
150 Vgl. Sombart (1920, S. 137-139).
151 Vgl. Sombart (1920, S. 139-142).
152 Vgl. Sombart (1920, S. 142).
153 Vgl. Sombart (1920, S. 142-146).
154 Vgl. Sombart (1920, S. 148-152).
155 Vgl. Sombart (1920, S. 153).
156 Vgl. Sombart (1920, S. 153-158); Franklin war selbständiger Buchdrucker und Verleger.
157 Vgl. Sombart (1920, S. 154-155).
158 Vgl. Sombart (1920, S. 160).
159 Vgl. zu den vorangehenden Ausführungen Sombart (1920, S. 161).
160 Vgl. Sombart (1920, S. 162).
161 Vgl. zu den vorangehenden Ausführungen Sombart (1920, S. 162-163).
162 Vgl. Kapitel 12 in Sombart (1920, S. 194-211).
163 Vgl. Sombart (1920, S. 195).
164 Vgl. zu den vorangehenden Ausführungen Sombart (1920, S. 196).
165 Vgl. zu den vorangehenden Ausführungen Sombart (1920, S. 197).
166 Vgl. Sombart (1920, S. 200).
167 Vgl. zu den vorangehenden Ausführungen Sombart (1920, S. 202).
168 Vgl. Sombart (1920, S. 203-204).
169 Vgl. Sombart (1920, S. 205).
170 Vgl. Sombart (1920, S. 204-205).
171 Vgl. Sombart (1920, S. 207).
172 Vgl. Sombart (1920, S. 209).
173 Vgl. Sombart (1920, S. 209-211).
174 Vgl. Stiftung Familienunternehmen (2007): Die volkswirtschaftliche Bedeutung der Familienunternehmen., http://www.familienunternehmen.de/media/public/pdf2007/Volkswirtschaftl_Bedeutung_FU.pdf, Abrufdatum: 11.12.2007. Auf Seite 23 heißt es: „mit einem Anteilswert von rund 95 % stellen sie [die Familienunternehmen] aber dennoch das Gros der deutschen Unternehmen."

Literatur

Afflerbach, Thorsten (1993): Der berufliche Alltag eines spätmittelalterlichen Hansekaufmanns – Betrachtungen zur Abwicklung von Handelsgeschäften, Frankfurt am Main, Peter Lang.

Albach, Horst (2003): Zurück zum ehrbaren Kaufmann. Zur Ökonomie der Habgier, in: WZB-Mitteilungen, Heft 100, Juni 2003, S. 37–40.

Albach, Horst (2005): Betriebswirtschaftslehre ohne Unternehmensethik, in: Zeitschrift für Betriebswirtschaft, 2005, Heft 9, S. 809–831.

Aristoteles (2005): Nikomachische Ethik, Düsseldorf, Artemis & Winkler.

Avner, Greif (2006): Institutions and the path to the modern economy – lessons from medieval trade, Cambridge, Cambridge University Press.

Baasch, Ernst (1899): Zur Geschichte des Ehrbaren Kaufmanns in Hamburg, Hamburg, LÓtcke und Wulff.

Backmann, Sybille, Künast, Hans-Jörg (1998): Einführung, in: Backmann, Sibylle, Künast, Hans-Jörg, Ullmann, Sabine, Tlusty, B. Ann [Hrsg.]: Ehrkonzepte in der frühen Neuzeit – Identitäten und Abgrenzungen, Berlin, Akademie Verlag, S. 13–23.

Besanko, David, Dranove, David, Shanely, Mark, Schaefer, Scott (2004): Economics of Strategy, 3rd Edition, USA, John Wiley & Sons, Inc.

Bohner, Theodor (1956): Der Ehrbare Kaufmann – Vom Werden und Wirken deutscher Wirtschaft, 2. Auflage, Hamburg, Felix Meiner Verlag Hamburg.

Bourdieu, Pierre (1976): Entwurf einer Theorie der Praxis auf der ethnologischen Grundlage der kabylischen Gesellschaft, 1. Auflage, Frankfurt am Main, Suhrkamp Verlag.

Bracker, Jörgen [Hrsg.] (1989): Die Hanse – Lebenswirklichkeit und Mythos: Textband zur Hamburger Hanseausstellung von 1989, 2. Auflage 1998, Lübeck, Schmidt-Römhild.

Brennig, Heribert R. (1993): Der Kaufmann im Mittelalter: Literatur, Wirtschaft, Gesellschaft, Pfaffenweiler, Centaurus-Verlagsgesellschaft.

Brockhaus – Enzyklopädie: in 24 Bänden (1988), 19. Auflage, Band 6: DS–EW, Mannheim, F.A. Brockhaus.

Burkhart, Dagmar (2006): Eine Geschichte der Ehre, Darmstadt, Wissenschaftliche Buchgesellschaft.

Der große Brockhaus – Handbuch des Wissens in zwanzig Bänden (1930), 15. Auflage, Band 5: Doc–Ez, Leipzig, F.A. Brockhaus.

Die Bibel (1988): Einheitsübersetzung der Heiligen Schrift, 4. Auflage, Bonn, katholische Bibelanstalt.

Dollinger, Phillipe (1966): Die Hanse, 1. Auflage, Stuttgart, Alfred Kröner Verlag.

Dotson, John (2002): Fourteenth Century Merchant Manuals and Merchant Culture, in: Denzel, A. Markus, Hocquet, Claude Jean, Witthöft, Harald [Hrsg.]: Kaufmannsbücher und Handelspraktiken vom Spätmittelalter bis zum beginnenden 20. Jahrhundert, Stuttgart, Franz Steiner Verlag, S. 75–87.

Dreikandt, Ulrich K. (1996): Die oberitalienischen Stadtstaaten – Ihre Kultur und Geschichte, in: Pleticha, Heinrich [Hrsg.]: Weltgeschichte in 12 Bänden, Band 6, Gütersloh, Bertelsmann Lexikon Verlag, S. 250–263.

Exenberger, Andreas, Cian, Carmen (2006): Der weite Horizont – Globalisierung durch Kaufleute, Innsbruck, Studienverlag.

Favier, Jean (1992): Gold und Gewürze – Der Aufstieg des Kaufmanns im Mittelalter, 1. Auflage, Hamburg, Junius.

Frieling, Anke (1992): Selbstbeschränkungsmaßnahmen von Unternehmungen – ihre Bedeutung für die Handhabung von Konflikten mit gesellschaftlichen Interessengruppen, Frankfurt am Main, Verlag Peter Lang.

Graf, Pedro, Spengler, Maria (2004): Leitbild- und Konzeptentwicklung, 4. Auflage, Augsburg, ZIEL.

Graus, František (1987): Mentalität – Versuch einer Begriffsbestimmung und Methoden der Untersuchung, in: Graus, František [Hrsg.]: Mentalitäten im Mittelalter – methodische und inhaltliche Probleme, Sigmaringen, Jan Thorbecke Verlag, S. 9–48.

Greve, Anke (2002): Fremde unter Freunden – Freunde unter Fremden? Hansische Kaufleute im spätmittelalterlichen Brügger Handelsalltag, in: Selzer, Stephan, Ewert, Ulf-Christian [Hrsg.]: Menschenbilder – Menschenbildner – Individuum und Gruppe im Blick des Historikers, Band 2, Berlin, Akademie-Verlag, S. 177–188.

Helle, Ernst (1957): Der Schutz der persönlichen Ehre und des wirtschaftlichen Rufes im Privatrecht: vornehmlich auf Grund der Rechtsprechung, Tübingen, J.C.B. Mohr (Paul Siebeck).

Irsigler, Franz (1989): Der hansische Handel im Spätmittelalter, in: Bracker, Jörgen [Hrsg.]: Die Hanse – Lebenswirklichkeit und Mythos: Textband zur Hamburger Hanseausstellung von 1989, 2. Auflage 1998, Lübeck, Schmidt-Römhild, S. 700–721.

Kaufer, Erich (1998): Spiegelungen wirtschaftlichen Denkens im Mittelalter, Innsbruck, Studien-Verlag.
Kheil, Carl Peter (1896): Über einige ältere Bearbeitungen des Buchhaltungs-Tractates von Luca Pacioli: ein Beitrag zur Geschichte der Buchhaltung, Prag, Bursik & Kohout.
Koster, Severin (1999): C. Cilnius Maecenas: Vom Namen zum Begriff, in: Neuhaus, Helmut [Hrsg.]: Mäzenatentum – Stiftungswesen – Sponsoring, Erlangen, Universitätsbund Erlangen Nürnberg e.V., S. 55–80.
Lammers, Jost, Schmitz, Oliver (1995): Der moralische Handlungsspielraum von Unternehmen – Eine institutionenökonomische Perspektive, Marburg, Metropolis-Verlag.
Le Goff, Jacques (1993): Kaufleute und Bankiers im Mittelalter, Frankfurt am Main, Campus Verlag.
Maschke, Erich (1964): Das Berufsbewußtsein des mittelalterlichen Fernkaufmanns, in: Wilpert, Paul [Hrsg.]: Beiträge zum Berufsbewußtsein des mittelalterlichen Menschen, Berlin, Walter de Gruyter & Co, S. 306–335.
Meyer-Stoll, Cornelia (1989): Die lübeckische Kaufmannschaft des 17. Jahrhunderts unter wirtschafts- und sozialgeschichtlichen Aspekten, Frankfurt am Main, Verlag Peter Lang.
Munro, Dana C. (1914): Reviewed Work(s): Der Bourgeois: zur Geistesgeschichte des modernen Wirtschaftsmenschen by Werner Sombart, in: The American Economic Review, Vol. 4, No. 4 (Dec., 1914), pp. 886–888.
Origo, Iris (1985): 'Im Namen Gottes und des Geschäfts' – Lebensbild eines toskanischen Kaufmanns der Frührenaissance – Francesco di Marco Datini: 1335–1410, München, Beck.
Pareto, Vilfredo (1955): Allgemeine Soziologie, Tübingen, J.C.B. Mohr (Paul Siebeck).
Postel, Rainer (1992): Versammlung eines ehrbaren Kaufmanns 1517–1992 – Kaufmännische Selbstverwaltung in Geschichte und Gegenwart, Hamburg, Herausgegeben von der Versammlung eines ehrbaren Kaufmanns zu Hamburg.
Puhle, Matthias (1989): Organisationsmerkmale der Hanse, in: Bracker, Jörgen [Hrsg.]: Die Hanse – Lebenswirklichkeit und Mythos: Textband zur Hamburger Hanseausstellung von 1989, 2. Auflage 1998, Lübeck, Schmidt-Römhild, S. 196–201.
Rogge, Jörg (1995): Ehrverletzungen und Entehrungen in politischen Konflikten in spätmittelalterlichen Städten, in: Schreiner, Klaus [Hrsg.]: Verletzte Ehre – Ehrkonflikte in Gesellschaften des Mittelalters und der frühen Neuzeit, Köln, Böhlau Verlag, S.110–143.
Schmidt, Reinhart, Schwalbach, Joachim (2007): Zu Höhe und Dynamik der Vorstandsvergütung, in: Zeitschrift für Betriebswirtschaft Special Issue 1/2007, S. 111–122.
Schopenhauer, Arthur (1918): Aphorismen zur Lebensweisheit, Leipzig, Insel-Verlag.
Schultz, Helga (1997): Handwerker, Kaufleute, Bankiers – Wirtschaftsgeschichte Europas 1500–1800, Frankfurt am Main, Fischer Taschenbuch Verlag.
Sombart, Werner (1920): Der Bourgeois – Zur Geistesgeschichte des modernen Wirtschaftsmenschen, München, Duncker und Humblot.
Sombart, Werner (1923): Kaufmanns Wirken und Wissen – Einst und Jetzt, in: Rohwaldt, Karl [Hrsg.]: Maier-Rothschild – Kaufmannspraxis – Handbuch der Kaufmannswissenschaft und der Betriebstechnik, 9. Auflage, Berlin, Verlag für Sprach- und Handelswissenschaft, S. 3–8.
Spufford, Peter (2004): Handel, Macht und Reichtum – Kaufleute im Mittelalter, Stuttgart, Konrad Theiss Verlag.
Stippel, Fritz (1938): Ehre und Ehrerziehung in der Antike, Würzburg-Aumühle, Triltsch.
Weichmann, Herbert (1973): Der Unternehmer zwischen sozialer Verpflichtung und Erfolgszwang – Der Politiker: Bürgermeister i.R. Professor Dr. Herbert Weichmann: Vortragsreihe 1973–1977, Hamburg, Versammlung eines Ehrbaren Kaufmanns zu Hamburg e.V.
Witt, Peter (2007): Unternehmensgründer als ehrbare Kaufleute, in: Zeitschrift für Betriebswirtschaft Special Issue 1/2007, S. 89–109.
Woll, Helmut (1994): Menschenbilder in der Ökonomie, München, Oldenbourg Verlag.

Der Ehrbare Kaufmann – Das ursprüngliche Leitbild der Betriebswirtschaftslehre und individuelle Grundlage für die CSR-Forschung

Zusammenfassung

Anhand einer gesellschaftsgeschichtlichen Analyse wird in diesem Beitrag gezeigt, dass Kaufleute keiner gesonderten Ethik oder speziell entwickelter Kodizes bedürfen, wenn sie dem ursprünglichen Leitbild der Betriebswirtschaftslehre – dem Leitbild des Ehrbaren Kaufmanns – folgen. Seit dem 12. Jahrhundert wurde dieses Leitbild in Kaufmannshandbüchern gelehrt. Ein Ehrbarer Kaufmann wirtschaftet nachhaltig. Dazu nutzt er sein wirtschaftliches Fachwissen und ein Bündel aus Tugenden, das seinen langfristigen wirtschaftlichen Erfolg sichern soll. Bei seinen Entscheidungen achtet er verantwortungsvoll auf die Folgen für die Gesellschaft und den sozialen Frieden. In Bezug auf die aktuelle CSR-Forschung zeigt der Beitrag, dass das Thema gesellschaftliche Verantwortung nicht neu, sondern auf individueller Ebene schon seit Jahrhunderten ein Thema ist. Der Ehrbare Kaufmann gibt der CSR-Forschung eine individuelle Grundlage, die – integriert in die Grundlagenfächer an den Hochschulen – jungen Unternehmern und Managern eine sinnvolle Richtschnur für verantwortungsvolles und nachhaltiges Wirtschaften sein kann.

The honorable merchant – The original guiding principle of business administration and individual foundation for CSR-research

Summary

Using an analysis based on historic society, this article shows that business people do not need separate ethics or ethical codes. They act ethically, when following the original guiding principles of business administration: the guiding principles of the honorable merchant. These guiding principles were taught in merchants manuals since the 12th century. The honorable merchant operates in a sustainable manner. He uses both technical knowledge about business and a bundle of virtues, which aims at securing his long-term economic success. His decisions are made responsibly, with regard to society and social peace. With regard to CSR-research, the article shows that the question of corporate social responsibility is not new. On an individual level it was discussed for hundreds of years. The honorable merchant gives CSR-research an individual foundation, which – when integrated into the fundamental teachings of business administration – can be a reasonable guideline for the responsible and sustainable management of young entrepreneurs and managers.

WWW.GABLER.DE

Lehren aus Management und Märchen

Rolf Wunderer

„Der gestiefelte Kater" als Unternehmer
Lehren aus Management und Märchen
2007. XVI, 310 S. Mit 66 Abb., davon 51 in Farbe
(uniscope. Die SGO-Stiftung für praxisnahe Managementforschung)
Geb. EUR 39,90 CHF 68,00 ISBN 978-3-8349-0772-1

Rolf Wunderer belegt anhand von ausgewählten Märchen der Brüder Grimm den Zusammenhang von Märchen und Management und gibt Hinweise, wie sich Managementlehre und Märchenforschung gegenseitig befruchten können. Dabei untersucht er Themen wie Internes Unternehmertum, unternehmerische Schlüsselkompetenzen, Vertrauen, Motivation, Führungsbeziehungen und Wertewandel sowie Verhaltensleitsätze in Märchen und Management. In einem gesonderten Teil sind die am häufigsten verwendeten Märchen in der Originalversion abgedruckt, besonders eindrückliche Illustrationen aus Märchenbüchern beleben die Texte.

Einfach bestellen:
kerstin.kuchta@gwv-fachverlage.de Telefon +49(0)611. 7878-626

KOMPETENZ IN SACHEN WIRTSCHAFT

Wirtschaftsethik als Lehrfach

Hartmut Kliemt

Überblick

- Es wird daran erinnert, dass das, was im Namen einer externen Zuschreibung von „Corporate Social Responsibility", C(S)R, von Unternehmen erwartet wird, durchaus in sich widersprüchlich sein kann.
- Es wird skizziert, wie Unternehmen bzw. deren Mitarbeiter mit potentiell widersprüchlichen ethischen Anforderungen umgehen können und wie eine universitäre Ausbildung auf die entsprechenden betrieblichen Aufgaben vorbereiten kann.
- Es wird betont, dass eine wirtschaftsethische Ausbildung nicht substantielle Werte vermitteln, sondern die Fähigkeit zu eigenständiger wohlüberlegter Urteilsbildung in der Suche nach einem weiten Überlegungsgleichgewicht fördern sollte.
- Es wird unterstrichen, dass bei angemessen langfristiger Perspektive moralische Handlungsorientierungen etwa an C(S)R durchaus im Einklang mit einer Orientierung am „shareholder value" stehen können.

Keywords Corporate Social Responsibility · Business Ethics · Indoctrination · Pluralism · Shareholder Value

JEL: M14, M53

Prof. Dr. Hartmut Kliemt (✉)
Frankfurt School of Finance and Management, HfB, Sonnemannstr. 9-11, D-60314 Frankfurt; Arbeitsgebiete: Politische Philosophie, Constitutional Political Economy, Wirtschaftsethik, methodische und ethische Fragen der Biowissenschaften. E-Mail: Hartmut.Kliemt@t-online.de

A. Einleitung

Lehrenden an Business-Schools und traditionellen wirtschaftswissenschaftlichen Fakultäten fällt zunehmend die Aufgabe zu, im Fach Wirtschaftsethik bzw. in „business and corporate ethics" auszubilden. Das liegt nicht nur daran, dass Studenten häufig intrinsisch motiviert sind, sich mit einschlägigen Fragen zu befassen. Sie haben auch einen extrinsischen Anreiz dazu. Sie dürfen darauf hoffen, ihre Chancen auf dem Arbeitsmarkt durch den Erwerb entsprechender Qualifikationen zu verbessern. Von Unternehmensleitungen wird heute nämlich vermehrt erwartet, dass sie sich nicht nur an partikularen, eng definierten Unternehmensinteressen (bzw. dem shareholder value) orientieren. Sie sollen nach weit verbreiteter Auffassung darüber hinaus eine recht breit gefächerte Gemeinwohlverantwortung im Sinne einer Corporate (Social) Responsibility, C(S)R, wahrnehmen.

Ob man es nun für sinnvoll und moralisch legitim hält oder nicht, den Unternehmen in dieser Weise erweiterte Verantwortung zuzuschreiben, es besteht kein Zweifel daran, dass entsprechende Forderungen erhoben werden. Diese Tatsache kann auch von denen, die letztlich eine ausschließliche Orientierung der unternehmerischen Entscheidungen am partikularen Interesse des Unternehmens für ethisch richtig halten, nicht ignoriert werden. Es wird deshalb voraussehbar zu einer erhöhten Nachfrage nach wirtschaftsethisch „gut" ausgebildeten Kräften kommen. Daraus wird sich eine verstärkte Nachfrage nach „guter" wirtschaftsethischer Lehre ergeben. Was die Lehre in Wirtschafts- und Unternehmensethik zu „guter" Lehre macht, ist allerdings – und dies nicht zuletzt wegen der häufig weit auseinander gehenden Vorstellungen vom ethisch rechten unternehmerischen Handeln – durchaus klärungsbedürftig.

In dem nachfolgenden Klärungsversuch beschränke ich mich zunächst auf drei mögliche Auswirkungen wirtschaftsethischer Ausbildung auf unternehmerisches Entscheidungsverhalten: Die Entscheidungen könnten sich zum ersten aufgrund der Ausbildung als *formal besser begründet* erweisen (B). Es könnten zum zweiten *substantiell ethisch richtigere* Entscheidungen getroffen werden (C). Es könnten sich zum dritten um *ökonomisch profitablere* Entscheidungen handeln (D). Diese drei Dimensionen der Qualität der Lehre in Wirtschaftsethik werden dann abschließend in den allgemeinen Kontext von C(S)R gestellt (E).

B. Formale Qualität

Weite Teile der heutigen eher analytisch orientierten Ethik bevorzugen Begründungsmethoden, die sich als Suche nach einem so genannten „weiten Überlegungsgleichgewicht" charakterisieren lassen[1]. Wie so vieles in der modernen Ethik geht auch hier zwar nicht die ursprüngliche Idee, so doch deren breite Popularisierung auf das Werk von John Rawls zurück.[2] Folgen wir also seinen Spuren.

I. Suche nach einem Überlegungsgleichgewicht

Der Grundidee nach versucht man auf der Suche nach einem Überlegungsgleichgewicht, seine ursprünglichen ethischen Intuitionen zu systematisieren und auf allgemeinere Prinzipien zu bringen. Man prüft diese allgemeineren Prinzipien dann daran, ob sie auch in anderen – bislang noch nicht bedachten – Fällen zu angemessenen Lösungen führen. Ist das der Fall, so bildet dies eine zusätzliche Stützung der Prinzipien. Ist es nicht der Fall, so muss man entweder die eigenen Intuitionen über angemessene Lösungen im Lichte der von den Prinzipien vorgeschlagenen Lösungen revidieren oder aber man muss die Prinzipien selber abändern. In diesem Prozess geht man solange zwischen Allgemeinem und Speziellem modifizierend hin und her, bis ein insgesamt für die eigenen Zwecke hinreichend kohärentes System entstanden ist. In diesem System stützen sich dann die allgemeinen und die speziellen Überzeugungen so wie die Steine im römischen Rundbogen einander halten: keine der Überzeugungen wäre ohne die anderen am Platz und jede hält zugleich die anderen.

Das nach dem vorangehenden Verfahren bereichs- und problemspezifisch gebildete System von Überzeugungen enthält zwar allgemeine Überlegungen, es handelt sich aber typischerweise nicht um ein allgemeines ethisches System, sondern um ein „lokales", d.h. auf spezifische Problemlagen in Raum und Zeit zugeschnittenes.[3] Allgemeine ethische Theorien gehen in die Suche nach einem weiten und zugleich „lokalen" Gleichgewicht insoweit ein, als sie einen Fundus bilden, aus dem man sich bei der Suche nach allgemeineren Prinzipien „bedienen" kann. Über diese rein heuristische Funktion hinaus sind die ethischen Theorien selber bereits Ergebnis von Systematisierungsbemühungen. Sie haben sich in einem Prozess entwickelt, der dem der Suche nach einem Überlegungsgleichgewicht ähnelt oder verkörpern die Geschichte einer solchen Suche. Angesichts der ziemlich offenen und kritischen Diskussion ethischer Theorien in der Vergangenheit dürfen wir davon ausgehen, dass in den Ergebnissen der Evolution der betreffenden Ideen bereits einige Kohärenz-Erfahrung geronnen ist. Es ist daher ratsam, die Suche nach Überlegungsgleichgewichten durch Einbeziehung ethischer Theorien zu erweitern. Deshalb bevorzugt man heute gerade auch in der Behandlung spezifischer Probleme der praktischen Ethik grundsätzlich die Suche nach einem erweiterten oder weiten Überlegungsgleichgewicht.[4]

Eine ethisch informierte Abwägung aller Vor- und Nachteile von Entscheidungen im Sinne der Suche nach einem Überlegungsgleichgewicht wird typischerweise dazu führen, dass die Entscheidungen mit besseren Argumenten und nachhaltiger vertreten werden können als rein intuitiv gefällte Entscheidungen. Die Einnahme von reflektierten, wohlüberlegten Positionen garantiert zwar nicht die allgemeine Zustimmung, man darf aber aufgrund der Kohärenz des eigenen Handelns und seiner Begründung zumindest auf eine Steigerung der Vertrauens- und Glaubwürdigkeit und damit auf eine Steigerung des eigenen Reputations- bzw. Sozialkapitals setzen.

II. Gründe für die Suche nach Überlegungsgleichgewichten

Die vorherrschenden normativen Konventionen und tradierten moralischen Überzeugungen ihres Umfeldes sind von Unternehmen ernst zu nehmen. Ethische Besserwisserei ist sicher unangemessen. Es reicht zugleich nicht aus, sich auf eine kurzfristige Effizienzorientierung zu beschränken. Langfristige Gewinnorientierung erfordert es gerade, kurzfristig andere als Gewinnmotive in den Vordergrund zu rücken. Indem man nach Maßstäben handelt, die im eigenen Umfeld oder allgemein als „ethisch richtig" angesehen werden, leistet man Verzicht auf kurzfristige Erträge. Man handelt bis zu einem gewissen

Grade nach gängigen Erwartungen und beispielsweise nicht nach unmittelbar wirtschaftlichen Maßstäben. Entscheidungsträger, die ganz im Sinne herrschender Überzeugungen vorgehen, ecken in der Öffentlichkeit mit ihren Entscheidungen tendenziell weniger an. Unternehmen, die sich in einer Welt bewegen müssen, die zunehmend von Medien und den von diesen inszenierten Kampagnen – samt der diese begleitenden Empörungsorchester – geprägt ist, tun vermutlich gut daran, ihre Mitarbeiter bis zu einem gewissen Grade zum vorauseilenden Gehorsam gegenüber herrschenden Meinungen anzuhalten. Sie haben insoweit einen Grund, nach Mitarbeitern zu suchen, die in dem relevanten Sinne gerade nicht zu unabhängigen Urteilen, sondern zur Unterwerfung unter den jeweiligen Zeitgeist neigen. Denn die Umwelt der Unternehmen prämiiert nicht notwendig kritisch reflektierte Entscheidungen im Sinne einer so genannten aufgeklärten Ethik, sondern die Erfüllung ihrer je eigenen Erwartungen.

Allerdings stellt sich das klassische Problem eines möglichen Widerspruchs zwischen kurzfristigem und nachhaltigem Erfolg an dieser Stelle noch auf eine zweite, subtilere Weise. Wer den Aufgeregtheiten des jeweiligen Augenblicks zu sehr nachgibt und seine Überzeugungen zu sehr danach formt, welche Arten von Meinungen aktuell grade vorherrschen, der läuft Gefahr im Zeitablauf inkohärent zu wirken. Die öffentliche Meinung kann sehr schnell ihre Richtung ändern. Wer ihr in jedem Moment folgen bzw. stets vorauseilend gehorchen möchte, kann leicht wie ein vollkommener Opportunist aussehen. Die öffentliche Meinung hat zudem ein sehr kurzes Gedächtnis, was die eigenen früheren Thesen anbelangt. Sie ist sich häufig nach kurzer Zeit schon nicht mehr bewusst oder gesteht sich doch nicht ein, dass sie selbst einmal einer anderen Auffassung war. Zugleich kreidet sie das entsprechende Verhalten anderen durchaus an. Dagegen ist es wahrscheinlich die beste Versicherung, eine im aufgeklärten Sinne gut begründete Position oder ein Überlegungsgleichgewicht grundsätzlicher Art zu suchen und die Anpassung an kurzfristige Wechsel des Zeitgeistes und vorherrschende Meinungen in Grenzen zu halten.

Auch wenn man langfristig auf der Basis einer wohlüberlegten Position richtig liegen sollte, darf man nicht sicher damit rechnen, dass öffentlich die gezeigte Weitsicht beziehungsweise Voraussicht anerkannt wird. Soweit im nachhinein tatsächlich alle (sprichwörtlich) „klüger" sind, besteht Hoffnung, dass es sich indirekt über Reputationseffekte auszahlen wird, wenn man eine von einem Überlegungsgleichgewicht gestützte Linie dauerhaft verfolgt.

Jedenfalls ist das die notgedrungen optimistische Arbeitshypothese, die man der eigenen Tätigkeit als Ausbilder in Wirtschaftsethik zugrunde legen muss. Wie alle Hypothesen kann sich auch diese als falsch erweisen. Erweist sie sich als falsch, so haben zumindest alle jene moralischen Akteure, die sich in der Unternehmenspraxis der Suche nach einem weiten Überlegungsgleichgewicht befleißigen, einen Trost: Die ernsthafte Suche nach einem weiten Überlegungsgleichgewicht bedeutet für einen moralischen Akteur, der nicht nur um seinen Ruf, sondern tatsächlich auch um kohärente und überlegte Entscheidungen bemüht ist, auch die Erfüllung des Wunsches nach eigener moralischer Integrität.

III. Multiple Überlegungsgleichgewichte

Wenn man mit der allfälligen Aufforderung zu verantwortlichem Handeln nur meint, dass sich der Handelnde ernsthafte Gedanken über sein Handeln machen und dabei Probleme von allen Seiten betrachten sollte, dann scheint dies eine für viele unterschiedliche moralische Ansätze gleichermaßen akzeptable Grundauffassung zu sein. Ziemlich unabhängig davon, zu welchen moralischen Urteilen der Betreffende kommt, kann man ihm unter diesen Umständen die Einlösung einer minimalen moralischen Pflicht nicht absprechen. Er hat versucht, in dem unterstellten formalen Sinne „gute" Entscheidungen zu treffen. Er hat damit gewisse „formale" Qualitätskriterien erfüllt.

Man muss sich allerdings darüber im klaren sein, dass die minimale moralische Verpflichtung, nach einem Überlegungsgleichgewicht der je eigenen Moralurteile zu suchen, auch von Personen eingelöst werden kann, die aus Sicht vorherrschender substantieller moralischer Überzeugungssysteme als moralische Schurken anzusehen sind. Bei richtigem Gebrauch des Prädikats „moralisch" können Urteile „moralischer Art" sein, ohne deshalb nach einhelliger Meinung auch moralisch richtig sein zu müssen. Auch das, was wir als moralisch falsch ansehen, kann moralisch gemeint und im formalen Sinne moralisch begründet sein. Wenn jemand sagt, etwas sei „unmoralisch", dann meint er das nicht im Sinne von „nicht-moralisch", sondern im Sinne von „moralisch abzulehnen". Dieser Begriffsgebrauch ist verlockend, weil er den Monopolanspruch für die je eigenen moralischen Auffassungen transportiert und scheinbar objektiviert. Trotzdem sollte man bei sachlicher Betrachtung der Vielfalt moralischer Überzeugungsbildung Rechnung tragen und den Ansichten, die man nicht teilt, nicht auch den Status moralischer Überlegtheit absprechen. Es gibt multiple Überlegungsgleichgewichte und auch hier ein Gleichgewichtsauswahlproblem, wenn auch kein strategisches.

Der überzeugte Kommunist der Stalin-Ära war beispielsweise häufig ein überaus selbstloser Genosse. Er hat sich gewöhnlich ernsthafte Gedanken über seine Pflichten gegenüber der Allgemeinheit gemacht. Es scheint allerdings wahrscheinlich, dass sein Überlegungsgleichgewicht – insbesondere auch im Lichte heutiger Kenntnisstände keinen Bestand mehr haben könnte. Sogar die schlimmsten Verbrecher vom Schlage eines Heinrich Himmler haben sich auf ihre verquere Weise Gedanken über ihre moralischen Pflichten gemacht. Nur widersprach das Ergebnis ihres Überlegens allen menschlichen Maßstäben.

Wir wiegen uns in einer ungerechtfertigten Selbstsicherheit, wenn wir nicht sehen, wie sehr auch wir moralisch in die Irre gehen können. So wie auch Verrückte manchmal erstaunlich korrekt argumentieren, so können auch Handlungen, die wir aufgrund unserer abweichenden substantiellen Moralüberzeugungen als größte moralische Verbrechen beurteilen, auf korrekte logischer Folgerungen in kohärenten Überzeugungssystemen zurückgehen. Wenn die Nazis verlangten, dass Gemeinnutz vor Eigennutz gehen solle, war das durchaus ernst gemeint. Nur wurden die Nazis eben von furchtbaren Vorstellungen davon, was das Gemeinwohl verlangt, geleitet.[5]

Auch wenn im formalen Sinne ernsthafte moralische Reflexion völlig in die Irre gehen kann, spricht das nicht dagegen, die Erfüllung der notwendigen formalen Bedingungen moralischer Reflektiertheit zu verlangen. Es gibt nur keine formalen Garantien dafür, dass nach bestimmten Methoden gewonnene moralische Urteile substantiell akzeptabel sind. Die Maxime „garbage in, garbage out" gilt auch hier. Kohärent argumentierende Strolche bleiben Strolche; aber das spricht nicht gegen das Bemühen um Kohärenz und um eine in diesem „formalen" Sinne „gute" wirtschaftsethische Entscheidungsbegründung.

C. Substantielle Qualität

Die meisten Menschen fühlen sich unwohl bei dem Gedanken, dass es so etwas wie fundamentale moralische Uneinmütigkeit geben könnte. Philosophische wie ökonomische Ethiker eilen den allgemeinen Wünschen hier häufig nur zu schnell zu Hilfe. Folgt man ihrer recht allgemein verbreiteten „fachwissenschaftlichen" Propaganda, sind sich die großen ethischen Theoriegebäude nur hinsichtlich ihrer fundamentalen Begründungsmuster uneinig, während im praktischen Leben Einigkeit besteht. Deshalb wird die Hoffnung zum Ausdruck gebracht, dass substantielle moralische Verbesserungen praktischer Art auch als solche von allen anerkannt würden.

Schaut man sich aber einmal um in der Welt und betrachtet die großen normativen Kontroversen etwa in der Bioethik, im Umweltschutz, in der Krankenversorgung, der Entwicklungshilfe, der Forschungs- und Patentpolitik, usw., dann wird man Uneinmütigkeit und nicht einen Grundkonsens als ausschlaggebenden Faktor ansehen müssen. Die These von der Einmütigkeit in praktisch-ethischen Fragen scheint vornehmlich der Vereinnahmung anderer und der Verschleierung der Tatsache zu dienen, dass man selbst etwas durchzusetzen wünscht. Was aus der Sicht des einen Standpunktes als substantielle Verbesserung anzusehen ist, wird aus Sicht eines anderen Überzeugungssystems als eine Verschlechterung angesehen werden. Das bedeutet nicht, dass es nicht vorherrschende Überzeugungssysteme gäbe. Aber es bedeutet, dass sich nicht alle einig sein werden und die Existenz – u. U. gut begründeter – abweichender Meinungen immer in Rechnung zu stellen ist.

Die Juristen etwa kennen die Abstufung in ganz herrschende oder herrschende Meinung, Mindermeinung, abwegige Meinung und bemerkenswert abwegige Meinung. Auch moralische Meinungen können in entsprechende Kategorien eingeteilt werden. Eine solche Sortierung verleiht den Meinungen unterschiedliches Anfangsgewicht für eine Reflexion. Die Sortierung muss aber keineswegs als verbindlich angesehen werden oder auf ewig Bestand haben. Man denke etwa an vorherrschende Einstellungen zur Legitimität homosexueller Beziehungen in unserer Gesellschaft, zur aktiven Sterbehilfe oder auch nur zum Zusammenleben unverheirateter Paare. Die Meinungsänderungen, die nach dem zweiten Weltkrieg innerhalb einer Generation zu allen diesen Fragen eintraten, sind massiv gewesen. Ähnliche Umschwünge kann es in anderen Hinsichten wie etwa in der Einstellung zur Nuklearenergie, zur öffentlichen Altersvorsorge, zum Freihandel etc. geben. Wer eine substantielle Ausrichtung der wirtschaftsethischen Ausbildung propagiert, sollte dies im Kopf behalten: die Tabus von gestern sind die Selbstverständlichkeiten von heute und umgekehrt.

Für die Hoffnung auf eine substantielle moralische Verbesserung der Urteile von Absolventen einer wirtschaftsethischen Ausbildung haben die vorangehenden Bemerkungen eine eindeutige Konsequenz: Da es in hohem Maße von den jeweiligen Standpunkten abhängt, ob man etwas als substantielle Verbesserung der Qualität moralischer Urteile ansieht oder nicht, müssen alle derartigen Urteile als *relativ* zum Standpunkt des Betrachters angesehen werden. Wie sprichwörtlich die Schönheit, so ist auch die substantielle moralische Richtigkeit möglicherweise im Auge des Betrachters und nicht in der Sache selbst zu finden.[6] Aber selbst dann, wenn es so etwas wie eine übergreifende eindeutige moralische Wahrheit geben sollte, bleibt es eine Tatsache, dass die Urteile über diese vorgebliche moralische Wahrheit *de facto* weit auseinander gehen. An diesem Faktum können wir in einer pluralen Gesellschaft mit ihren grundlegenden Normen des Respektes vor anderen Überzeugungen nicht vorbeigehen. Es muss daher auch von jedem beachtet werden, der Wirtschaftsethik an einer Hochschule lehrt und sich dabei gewissen de facto langfristig vorherrschenden normativen Konventionen verpflichtet fühlt.

Das Anerkenntnis, dass wir in einer werte-pluralen Welt leben, geht nicht nur Politikern leicht von den Lippen, sondern auch Hochschullehrern. Das hindert die gleichen Personen jedoch nicht daran, unter allgemeinem Beifall nach „mehr Werten" zu rufen. Doch, wer nach „mehr Werten" ruft, ruft gewöhnlich nach mehr von den je eigenen Werten. Alle wollen mehr Werte, vergessen aber, dass gerade die Aufrüstung mit Werten zu Konflikten führen kann. Daraus kann sich nur zu leicht eine durchaus fatale Eigendynamik entwickeln. Wenn jemand beispielsweise „mehr" von den Werten anderer, die er gar nicht teilt oder sogar strikt ablehnt, „bekommt", dann ruft er gewöhnlich nicht nach einer Beendigung des moralischen Rüstungswettlaufs, sondern weiter nach mehr substantiellen Werten, doch eben nach seinen und nicht denen der anderen, die dann wieder nach mehr von den ihren verlangen usw.

Ungeachtet der unvermeidlichen Relativität der je eigenen Wertüberzeugungen kann man ohne Inkohärenz fest für die eigenen Überzeugungen eintreten. Zugleich ist klar, dass es einen substantiellen Grundkonsens, bei dem sich alle oder doch praktisch alle einig sind, am Ende nicht gibt. Was immer die großen Illusionisten aus Vertrags- und Konsenstheorie über vorstellbare und unvorstellbare Einmütigkeiten sagen mögen, real ist die Uneinmütigkeit und mit der ist ethisch angemessen umzugehen.

D. Traditionelle Qualität

Die Reputation eines Unternehmens ist heutzutage so bedeutend und ihre Herausbildung so komplex, dass seine Wahrnehmung als ein konsistent agierender quasi-moralischer Akteur eine große Rolle spielen kann. Die unter Ökonomen nicht unpopuläre These, dass Unternehmen keine Verantwortung haben könnten, weil sie keine personalen Akteure seien, geht völlig an der Realität vorbei. Denn im Falle der Verantwortung haben wir es – sieht man von der persönlichen Kausalverantwortung für eigenes Tun ab – immer mit *Zuschreibungen* durch Dritte zu tun. Diese Zuschreibungen nehmen Bürger und Kunden gegenüber Unternehmen vor. Sie „machen" verantwortlich. Das ist ein Faktum und eines, das man nicht vernachlässigen darf, wenn man die langfristige unternehmerische Zielerreichung oder das traditionelle Qualitätskriterium der Profitabilität nicht gefährden will.

Da Unternehmen insbesondere auf Konsummärkten gewöhnlich daran interessiert sind, möglichst breite Nachfragerschichten anzusprechen, wirkt es sich auf die Unternehmen aus, dass sie wie moralische Akteure verantwortlich gemacht werden. Sie müssen ein Interesse daran nehmen, dass ihre Mitarbeiter neben einer direkten Orientierung an der Profitabilität auch moralische Orientierungen entwickeln. Dieses Interesse haben die Unternehmen beziehungsweise deren Eigner zumindest *auch* deshalb, weil das entsprechende Verhalten sich indirekt positiv auf die Profitabilität auswirkt. Aber das Verhalten, an dem sie bei ihren Mitarbeitern interessiert sind, ist bei diesen selbst womöglich (direkt) nur moralisch motiviert.[7]

Wenn wir diese Betrachtung etwas radikalisieren, kommen wir zu einer typischen Chicago-Fragestellung: Worin liegt der Effizienzgrund für das Interesse an Wirtschaftsethik, wirtschaftsethischer Ausbildung und Orientierung?[8] Der optimistische Wirtschaftsethiker wird zu der Erklärung neigen, dass sich die Pflege kritisch ethischer Einstellungen für Unternehmen lohnt. Unternehmen, die das erkennen, werden Mitarbeiter einstellen, die ihnen die Wahrnehmung entsprechender Chancen ermöglichen. Wenn das so ist, dann gibt es eine Nachfrage nach entsprechender Ausbildung und auch von daher einen Grund, in kritischer Wirtschaftsethik auszubilden. Der Pessimist wird drauf hinweisen, dass es sich womöglich weniger um eine Nachfrage nach der Verbesserung von Entscheidungen auf der Basis formaler oder substantieller Kenntnisse in ethischer *Theorie* handelt. Es könnte sich auch um ein Interesse an substantieller ethischer Indoktrination zum Zwecke der Profitsteigerung handeln, wenn wirtschaftsethische Vorbildung nachgefragt wird. Da es in unseren Gesellschaften mittlerweile starke moralische und häufig auch rechtliche Vorbehalte dagegen gibt, bei der Einstellung von Mitarbeitern beispielsweise nach deren Religionszugehörigkeit zu diskriminieren, kann man die entsprechend indoktrinierten Individuen nicht mehr aufgrund solcher Signale auswählen. Wenn man auf der anderen Seite der Überzeugung ist, dass man Mitarbeiter mit festen moralischen Orientierungen substantieller Art bevorzugt einstellen sollte, weil das den Zielen des Unternehmens besonders förderlich ist, dann wird man versuchen, nach der Weltanschauung auszuwählen, die durch ein bestimmtes Institut vermittelt wird.

Es ist nicht ganz ohne Ironie, dass säkularen Hochschulen bei verstärkter wirtschaftsethischer Orientierung der Ausbildung an substantiellen Werten eine Funktion zugeschrieben werden könnte, die man traditionell Religionsgemeinschaften zusprach. Ich vermute allerdings, dass viel dafür spricht, dass dieses Entwicklungsszenario de facto nicht eintreten wird. Würden Unternehmen den indoktrinierten anstelle des reflexionsfähigen Mitarbeiters suchen, dann würden wir gewiss viel mehr einschlägige Angebote seitens der Hochschulen antreffen, als dies gegenwärtig der Fall ist. Interessanterweise haben sich ganz im Gegenteil insbesondere christliche Hochschulen zunehmend weltanschaulich geöffnet. Auch sie müssen in einer weltanschaulich pluralen Welt reüssieren und ihre Studenten daher darauf vorbereiten, in der pluralen Welt erfolgreich agieren zu können. Indoktrination und die Förderung weltanschaulicher Enge helfen da vermutlich weniger als ein Training in reflexionsfähiger Offenheit.

E. C(S)R und wirtschaftsethische Kompetenz

Viel spricht dafür, dass die Nachfrage nach verstärkter wirtschaftsethischer Kompetenz am besten dadurch gedeckt werden kann, dass man vornehmlich auf die formalen Qualifikationen in der Urteilsbildung abstellt. Es ist zwar durchaus möglich, dass die Personalchefs großer Unternehmen sich selbst noch gar nicht im klaren darüber sind, dass sich ihre Nachfrage auf derartige formale Qualifikationen richten muss. Aber sie leben in einer pluralen Welt, die sie schnell eines Besseren belehren würde, wenn sie ihre Nachfrage nach mehr Wertorientierungen nur im Sinne der von ihnen jeweils bevorzugten substantiellen Wertsetzungen verstehen wollten. Daher spricht vieles dafür, dass man der Ausbildungsverantwortung für eine gute Lehre in Wirtschaftsethik nicht durch moralische, sondern durch argumentativ-intellektuelle Unterweisung vor allem in der Anwendung der Methode des Überlegungsgleichgewichtes nachkommen kann und sollte.

Man darf erwarten, dass entsprechende Fähigkeiten in allen Führungsaufgaben hilfreich sein können. Sie haben aber gewiss eine besondere Funktion mit Bezug auf die Wahrnehmung einer Gemeinwohlverantwortung durch das Unternehmen. Jede Gruppe wirklicher oder selbsterklärter stakeholder wird dazu neigen, die je eigenen Forderungen als die moralischen Pflichten des Unternehmens schlechthin darzustellen. Da es aber widersprüchliche bzw. inkohärente Forderungen geben wird, die nicht sämtlich erfüllt werden können, hat man im Unternehmen das Problem, entsprechende Abwägungen vorzunehmen. Man hört den Ruf, mehr „Verantwortung" zu zeigen, wird aber womöglich für widersprüchliche Forderungen zur Rechenschaft gezogen.

Ein konkretes Beispiel mag das illustrieren.[9] Die Firma Ford, wurde (und wird) in Indizes, mit denen man die Erreichung von Diversity-Zielen misst, als vorbildliches Unternehmen dargestellt. Ford nahm seine unternehmerische Verantwortung für die entsprechenden sozialen Ziele wahr. Vor einiger Zeit wurde Ford von einer christlichen Gruppierung angegriffen, weil das Unternehmen in Schwulen-Magazinen annoncierte. Ford hatte zunächst Schwierigkeiten, klaren Kurs zu halten. Es gab widerstreitende Anforderungen jener Gruppen, die Ford für die Förderung von Diversity-Zielen verantwortlich machten und der Gruppen, die Ford dafür verantwortlich machten, christliche Werte zu respektieren. Hätte Ford eine klar begründete Position im vorhinein entwickelt, und daran festgehalten, dann wäre der Eindruck eines Zickzack-Kurses nicht entstanden. Es wäre klar geworden, dass es einen Wertkonflikt gibt, aber zugleich auch klar gewesen, dass man in diesem legitim unterschiedlicher Meinung sein konnte.

Man hätte vor allem die eigenen Gründe für das Werbeverhalten im vorhinein offen legen können. Die Existenz einer systematischen Begründung der eigenen Position hätte helfen können, sich gegen bestimmte Verantwortungszuschreibungen zu wehren. Zugleich hätte die Bekanntmachung einer Begründung sogar generalpräventiv gegen leichtfertige externe Verantwortungszuschreibungen wirken können. Denn es wäre womöglich ziemlich klar gewesen, dass eine gut begründete Position vorlag, die man nicht leicht aus dem Gleichgewicht bringen konnte.

Darin steckt für die heutige Debatte um C(S)R eine allgemeine Lehre: Verantwortung wird dem Unternehmen von außen zugeschrieben. Es muss sich angesichts der Vielfalt widerstreitender möglicher Verantwortungszuschreibungen vor allem darauf einrichten, dass man es auch mit Aktivitäten, die der Wahrnehmung von „corporate (social) responsitibility" dienen, nicht allen recht machen kann. Unter verantwortlichem Handeln kann man dann nur mehr ein Handeln im Rahmen ethischer Prinzipien, die sich in einem der diversen möglichen ethischen Überlegungsgleichgewichte befinden, verstehen.

Die Lehre in Wirtschaftsethik kann nicht legitim vorgeben, welches der Gleichgewichte gewählt werden soll. Sie kann nur das Handwerkszeug liefern, wie man ein solches Gleichgewicht suchen und vielleicht finden kann. Dabei ist es auch möglich, dass man am Ende die moralische Position Milton Friedmans akzeptiert und etwa die Wahrnehmung von C(S)R nur insoweit für akzeptabel hält, wie diese der Steigerung des shareholder values dient. Gerade mit Bezug auf eine langfristige Steigerung des shareholder values werden sich starke Gründe für ein Verhalten nach ethischen Prinzipien ergeben. Ethische Orientierung lohnt sich im allgemeinen. Das ist keine Schande für die Ethik, im Gegenteil. Lohnt sich eine Orientierung an C(S)R auch bilanziell, dann sollte das moralischer Wertschätzung für die entsprechenden Aktivitäten ebenfalls nicht abträglich sein.

Anmerkungen

1 Vgl. Daniels (1979) und Hahn (2000).
2 Vgl. Rawls (1951), Rawls (1974), Rawls (1975).
3 Vgl. dazu etwa Elster (1992), Schmidt (1992).
4 Vgl. Daniels (1996).
5 Vgl. eindrucksvoll zum Hintergrund Arendt (2003).
6 Eine solche meta-ethische Position findet sich prominent etwa in Mackie (1977) und mit Bezug zur BWL in Kliemt (1992).
7 Vgl. Baurmann (1996)
8 Das gilt jedenfalls dann, wenn man ganz im Gegensatz zu der sonst gern gemachten Unterstellung rationaler Erwartungen und der weitgehenden Untäuschbarkeit von Adressaten die entsprechenden Äußerungen von wirtschaftlicher Seite nicht als bloßes Täuschungsmanöver ansieht; vgl. allgemeiner auch Hegselmann (1988).
9 Vgl. die websites sind http://www.afa.net sowie http://www.boycottford.com und http://www.ford.com.

Literatur

Arendt, H. (2003): Ursprünge und Elemente totalitärer Herrschaft. München.
Baurmann, M. (1996): Der Markt der Tugend. Tübingen.
Daniels, N. (1979): Wide Reflective Equilibrium and Theory Acceptance in Ethics. The Journal of Philosophy, LXXVI(1), 265–282.
Daniels, N. (1996): Justice and Justification. Cambridge.
Elster, J. (1992): Local Justice. How Institutions Allocate Scarce Goods and Necessary Burdens. New York.
Friedman, M. (1963): Capitalism and Freedom. Chicago.
Hahn, S. (2000): Überlegungsgleichgewicht(e). Prüfung einer Rechtfertigungsmetapher. Freiburg i.Br.
Hegselmann, R. (1988): Wozu könnte Moral gut sein? Grazer philosophische Studien, 31, 1–28.
Kliemt, H. (1992): Normbegründung und Normbefolgung in Ethik und Ökonomik. Zeitschrift für Betriebswirtschaft(Ergänzungsheft 1), 91–105.
Mackie, J. L. (1977): Ethics. Inventing Right and Wrong. Harmondsworth.
Rawls, J. (1951): Outline of a Decision Procedure for Ethics. Philosophical Review, 60, 177–190.
Rawls, J. (1974): The Independence of Moral Theory. Proceedings and Addresses of the American Philosophical Association, 48, 4–22.
Rawls, J. (1975): Eine Theorie der Gerechtigkeit. Frankfurt.
Schmidt, V. H. (1992): Lokale Gerechtigkeit. Zeitschrift für Soziologie, 21(1), 3–15.

Wirtschaftsethik als Lehrfach

Zusammenfassung

Angeblich herrscht in der praktischen Ethik eine beträchtliche Einmütigkeit vor. Im Gegensatz dazu geht dieser Aufsatz von einer grundlegenden Vielfalt häufig widersprüchlicher praktisch ethischer Überzeugungen aus. Angesichts dieser Vielfalt ist es unmöglich, allen Anforderungen, die an ein Unternehmen herangetragen werden, gerecht zu werden. Die Lehre in Wirtschaftsethik muss das in Rechnung stellen und daher die Vermittlung von technischen Fertigkeiten der Suche nach einem weiten Überlegungsgleichgewicht in den Vordergrund stellen. Die Vermittlung spezifischer substantieller ethischer Werte als Aufgabe der Lehre in Wirtschaftsethik scheidet aus.

On teaching business ethics

Summary

In matters of so-called practical ethics allegedly agreement rather than disagreement prevail. Contrary to that this paper maintains that there is a fundamental diversity of often contradictory ethical views. In view of diversity it is impossible to live up to all the corporate social responsibilities others expect a company to fulfil. The teaching of business and corporate ethics must take that into account and should therefore focus on formal skills like a firm command of the so-called wide reflective equilibrium method rather than on inculcating a specific substantive moral view.

WWW.GABLER.DE

Change Management in der öffentlichen Verwaltung

Norbert Thom | Adrian Ritz
Public Management
Innovative Konzepte zur Führung im öffentlichen Sektor
4., akt. Aufl. 2008. XVI, 453 S. Mit 59 Abb. u. 29 Tab.
(uniscope. Die SGO-Stiftung für praxisnahe Managementforschung) Geb. EUR 49,90
ISBN 978-3-8349-0730-1

„Public Management" stellt Führungskräften öffentlicher Institutionen ein IOP-Konzept mit Instrumenten des Innovations- und Informationsmanagements (I), der organisatorischen Gestaltung (O) und des Personalmanagements (P) zur Verfügung und unterstützt den gegenwärtigen Strategie-, Struktur- und Kulturwandel.

Erhebungen, die im Zusammenhang mit Reformprojekten entstanden sind, sowie sechs Fallstudien aus Verwaltung, Schule und Krankenhaus geben den Verantwortlichen im öffentlichen Sektor zudem eine Vergleichsbasis und erleichtern die Umsetzung der konzeptionellen Ideen. 16 Praxisfenster, die von Experten aus Dänemark, Deutschland, Österreich und der Schweiz verfasst wurden, vertiefen praxisnah die konzeptionellen Inhalte. Für die 4. Auflage wurde das Buch vollständig aktualisiert.

Die Autoren

Prof. Dr. Dr. h. c. mult. Norbert Thom ist Direktor des Instituts für Organisation und Personal (IOP) der Universität Bern. Zu seinen Schwerpunkten gehören – neben Public Management – Innovationsmanagement, Personalmanagement und organisatorische Gestaltung. Er verfügt über umfangreiche Beratungserfahrungen im öffentlichen Sektor.

Dr. Adrian Ritz ist Dozent am Kompetenzzentrum für Public Management der Universität Bern sowie Programmleiter des Executive Master of Public Administration der Universität Bern. Zu seinen Forschungsschwerpunkten gehören Public Management (Führung, Personal- und Organisationsmanagement), Evaluationsforschung, Verwaltungsreformen sowie Bildungsmanagement.

Einfach bestellen: kerstin.kuchta@gwv-fachverlage.de Telefon +49(0)611. 7878-626

KOMPETENZ IN SACHEN WIRTSCHAFT

GABLER

PGMO 08/24/2018